Ebner / Mai
*Der zweite Himmel*

Martin Ebner/Stefan Mai

# *Der zweite Himmel*

## Fronleichnams- und Bittprozessionen für Stadt- und Landgemeinden

echter

*Gewidmet*

*den Gemeinden*
*Erlach, Frickenhausen, Kaltensondheim, Zeubelried*
*und den Armen Schulschwestern in Heidingsfeld*

Die Deutsche Bibliothek – CIP-Einheitsaufnahme

*Ebner, Martin:*
Der zweite Himmel : Fronleichnams- und Bittprozessionen für Stadt- und Landgemeinden / Martin Ebner/Stefan Mai. – Würzburg : Echter, 1995
ISBN 3-429-01656-8
NE: Mai, Stefan

verlags gruppe engagement


Umschlag: Uwe Jonath (Umschlagbild von Willi Grimm: Aquarell »Der zweite Tag« aus dem Zyklus »Die Schöpfung«)
Gesamtherstellung: Echter Würzburg
Fränkische Gesellschaftsdruckerei und Verlag GmbH
ISBN 3-429-01656-8

# Inhaltsverzeichnis

## Bittage



## Materialteil

# Vorwort

*Wie dieses Buch entstanden ist*

Dieses Buch ist etappenweise entstanden, jeweils in den Tagen vor Fronleichnam und den Bittumgängen. Als Seelsorger in Gemeinden, die noch fest verwurzelt sind im katholischen Brauchtum, spürten wir: Diese Tage sind Höhepunkte des Gemeindelebens. Da ist der ganze Ort auf den Beinen. Und jeder hat etwas zu tun – schon viele Tage vor dem Fest: Die einen suchen Blumen, um die Altäre zu schmücken, andere bügeln die Fahnen, die Blaskapelle bringt ihre Instrumente auf Hochglanz und probt wieder die verschiedenen Versionen des *Tantum ergo*, die Lautsprecher werden getestet, die Fahnenabordnungen der Vereine werden zusammengerufen, die Ministrantenröcke werden gewaschen, der Vorbeter stellt seine Unterlagen zusammen, die Himmelträger probieren ihren schwarzen Anzug, Kirchenpfleger und Mesner stellen die Prozessionsleuchten bereit und bauen den Himmel auf, die kleinen Kinder freuen sich aufs Blumenstreuen ... Unglaublich, was auch heute noch für eine Fronleichnamsprozession organisiert und vorbereitet werden muß. Unglaublich aber auch, wie selbstverständlich und reibungslos so eine Mammutorganisation über die Bühne geht – in Gemeinden, die noch fest im katholischen Brauchtum verwurzelt sind.

Als Seelsorger einer solchen Gemeinde spürt man, wie entlastend Riten sein können: Die Rollen sind festgelegt. Momente der Unsicherheit werden ausgeschaltet. Es herrscht ein Konsens über Form, Ablauf, Aufgaben und Ordnung.

Auch der Pfarrer hat an Fronleichnam eine bestimmte Rolle zu übernehmen. Er trägt die Monstranz und erteilt den eucharistischen Segen. Auch ihm ist jede Aufregung genommen; denn er hat ja sein »rotes Buch«. Da ist nach alter Tradition festgelegt, was er zu sagen hat: Für jeden Altar ist der Anfang eines Evangelium ausgesucht. Die Fürbitten und Gebete sind seit »ewigen Zeiten« gleich. Er braucht lediglich einen wendigen Küster, der immer die richtige Seite aufschlägt und sie ihm zum richtigen Moment präsentiert.

Trotz der wohltuenden Entlastung durch den Ritus und trotz der Ehrfurcht vor alten Formen spürten wir sehr bald, daß der reine Vollzug von Riten und das bloße Einhalten der Rubriken phantasielos machen können und die eigentlich schöne äußere Form zur bloßen Folklore verkommen lassen. Wir haben gespürt: Wenn die katholischen Prozessionen nicht zum bunten Aufzug und zur tou-

ristischen Attraktion degradiert werden sollen, wenn sie mehr sein sollen als ein Fest für die Augen, dann kommt es auf die *Worte* an, die deuten, was wir tun; dann kommt es darauf an, daß wir *auf dem Weg* Worte finden *für unseren Lebensweg*; dann kommt es darauf an, daß das *Brot in der Monstranz* begleitet wird von Worten, die *Brot fürs Leben* sein wollen.
Wir haben gespürt: Der akzeptierte Ritus ist eine ungeheuere Chance. Die meisten gehen noch mit, viele sind aktiv beteiligt, alle warten auf ein Wort. Das war eine Herausforderung, innerhalb des vorgegebenen Rahmens zu versuchen, durch deutende Worte eine Beziehung zwischen den traditionellen Riten und den Straßen unseres Lebens herzustellen.
Viele der vorgelegten Modelle sind in Vorbereitung der Fronleichnamsprozessionen und Bittage für Gemeinden im ländlichen Bereich entstanden. Da wir inzwischen nicht mehr im ländlichen Bereich tätig sind, haben wir auch Modelle ausgearbeitet, die einem städtischen Milieu gerecht werden wollen. Die vorgelegten Modelle sind als Anregung gedacht für alle, die kurz vor Fronleichnam oder den Bittagen mit Unbehagen in das »rote Buch« schauen. Vielleicht werden einige von unseren Ideen angesprochen und vielleicht dadurch auch motiviert, manches im Blick auf die konkrete Gemeindesituation zu verändern oder zu ergänzen, damit beim *Ritus* der Prozession die *Welt* und damit das Leben der TeilnehmerInnen zur Sprache kommt.

Im Advent 1994

*Martin Ebner*
*Stefan Mai*

# Fronleichnam

# Die Fronleichnamsprozession: eine alte Tradition – und wie damit umgehen?

Das Fronleichnamsfest geht auf eine Lokaltradition zurück. Es ist der religiöse Kreis um Juliana von Lüttich, der den Anstoß dafür gibt, zu Ehren der heiligen Eucharistie ein eigenes Fest zu feiern. Das geschieht zum ersten Mal 1246 in der Kirche St. Martin in Lüttich. Ein Jahr später ordnet der Bischof von Lüttich die Feier für seine ganze Diözese an. Daß dieses Fest schließlich auch gesamtkirchlich propagiert worden ist, hat mit einem personalpolitischen »Zufall« zu tun: Der Beichtvater von Juliana von Lüttich, Jakob Pantaleon, der zugleich Erzdiakon von Lüttich war, wird im Jahr 1261 zum Papst gewählt. Als Urban IV. schreibt er 1264 durch die Bulle *Transiturus de hoc mundo* das Fest für die ganze Kirche vor. Abgesehen von einigen wenigen Diözesen wird diese päpstliche Weisung aber nicht befolgt. Das Konzil von Vienne (1311/12) muß die Anordnung erneut einschärfen.

Was dem Fronleichnamsfest schließlich doch zum Durchbruch verholfen hat, war weniger sein theologischer Inhalt als der Brauch, mit diesem Fest eine Sakramentsprozession zu verknüpfen. Diese volkstümliche Form des Umgangs war entscheidend dafür, daß das neue Fest angenommen und populär wurde.

Prozessionen, in deren Mitte heilige Gegenstände mitgeführt werden, stellen in allen Kulturen Höhepunkte des religiösen und gesellschaftlichen Lebens dar. Verblüffend ist, daß sich die Formen kaum geändert haben. Im antiken Andania zum Beispiel, einer Stadt auf der Peloponnes, sah die Prozessionsordnung, die der Rat der Stadt 92 v. Chr. in Stein meißeln ließ, folgendermaßen aus: Vor dem »Allerheiligsten«, einer Truhe mit einem heiligen Buch und weiteren heiligen Gegenständen des Mysterienkultes, gehen die Jungfrauen, davor spielt die Musikkapelle. Unmittelbar hinter dem Allerheiligsten haben die Würdenträger ihren Platz, ihnen folgen die Ehrengäste, bevor sich das Volk, streng in Frauen und Männer getrennt, anschließt (SIG$^{3}$ 736).

Die Form der Prozession mit dem Allerheiligsten in der Mitte ist etwas Urmenschliches. Es war diese Form, die dem Fronleichnamsfest zum Durchbruch verholfen hat. Kirchlich geprägten Katholiken ist die Form der Fronleichnamsprozession in Fleisch und Blut übergegangen: Angeregt durch die Bittprozessionen wird seit dem 15. Jahrhundert auch bei der Fronleichnamsprozession an vier

Altären haltgemacht, jeweils der Anfang eines der vier Evangelien verlesen und abschließend der sakramentale Segen erteilt.
Es scheint uns pastoral klug zu sein, an dieser *Form* grundsätzlich festzuhalten, aber die Chance der *Deutung* zu nutzen. Bei den vorgelegten Prozessionsmodellen wird immer an vier Altären haltgemacht. Immer kommen die vier Evangelien zu Wort. Aber jedes Jahr steht die Prozession unter einem anderen Thema. Danach werden die biblischen Texte ausgewählt und ausgelegt. Danach richten sich die Gebete, Fürbitten und Lieder. Wir hoffen, dadurch einen aktuellen Bezug zum Leben zu schaffen und immer neu die Aufmerksamkeit der Prozessionsteilnehmer zu gewinnen: Sie gehen auf gewohnten Pfaden. Das gibt das Gefühl von Heimat. Sie hören neue Töne. Das läßt hoffentlich aufhorchen und bei der Prozession nachdenklich werden.

# *I. Prozessionen*

## 1. Gott begegnen

### 1. Altar: Gott begegnen in der Liebe

Im Tragehimmel haben wir ein Symbol für Gottes Gegenwart vor Augen. An den einzelnen Stationen wollen wir uns in diesem Jahr fragen: Wo kann ich in meinem Leben heute noch Gott erfahren?
In einer Diskussion sagte der Wiener Pastoraltheologe Paul M. Zulehner: Die heutigen Menschen erfahren nicht in erster Linie durch Glauben und Religion Sinn im Leben. Sinnerfahrung hängt an ganz einfachen, konkreten Dingen. Sinnvoll wird ein Leben, wenn Menschen zwei Dinge erfahren: Liebe und Erfüllung in der Arbeit.
Für einen religiösen Menschen heißt »Sinn erfahren« soviel wie Gott spüren. Erfahren, daß das Leben von ihm gehalten ist, daß ich ihm meine Freude am Dasein verdanke. Auch für den religiösen Menschen ist diese Sinnerfahrung nicht abgehoben von seiner Alltagserfahrung. Auch er braucht Erfüllung in der Arbeit und die Erfahrung: Da hält einer zu mir, da sorgt sich einer um mich und für mich. Da nimmt mich einer so, wie ich bin. Das gibt Grundsicherheit im Leben. Wenn Menschen solche Liebe spüren, können sie auch leichter an Gott glauben.

*Evangelium: Liebt einander wie ich euch geliebt habe (Joh 15,9–17)*
Wie mich der Vater geliebt hat, so habe auch ich euch geliebt. Bleibt in meiner Liebe! Wenn ihr meine Gebote haltet, werdet ihr in meiner Liebe bleiben, so wie ich die Gebote meines Vaters gehalten habe und in seiner Liebe bleibe. Dies habe ich euch gesagt, damit meine Freude in euch ist und damit eure Freude vollkommen wird. Das ist mein Gebot: Liebt einander, so wie ich euch geliebt habe. Es gibt keine größere Liebe, als wenn einer sein Leben für seine Freunde hingibt. Ihr seid meine Freunde, wenn ihr tut, was ich euch auftrage. Ich nenne euch nicht mehr Knechte, denn der Knecht weiß nicht, was sein Herr tut. Vielmehr habe ich euch Freunde genannt; denn ich habe euch alles mitgeteilt, was ich von meinem Vater gehört habe. Nicht ihr habt mich erwählt, sondern

ich habe euch erwählt und dazu bestimmt, daß ihr euch aufmacht und Frucht bringt und daß eure Frucht bleibt. Dann wird euch der Vater alles geben, um was ihr ihn in meinem Namen bittet. Dies trage ich euch auf: Liebt einander!

*Danklitanei*

Herr, unser Gott, heute wollen wir dir einmal für Menschen danken, die unser Leben durch ihre Anerkennung und Zuneigung bereichert haben und uns etwas von deiner Güte haben ahnen lassen:
Für unsere Eltern, die uns das Leben schenkten ...
V: Herr, wir danken dir.
A: Herr, wir danken dir.
Für unsere Geschwister, mit denen wir Wichtiges im Leben gelernt und eingeübt haben ...
Für unsere Freunde, auf die wir uns verlassen können ...
Für unsere Lehrer, die uns gefördert und uns auf unsere Fähigkeiten aufmerksam gemacht haben ...
Für unsere Ehepartner, die mit uns das Leben teilen ...
Für unsere Kinder, die uns mit ihrer Herzlichkeit und Zärtlichkeit beschenken ...

## 2. Altar: Gott begegnen in der Arbeit

In einem modernen Brautsegen heißt es: »Eure Arbeit nehme nicht überhand.« Und im gleichen Atemzug fährt der Segensspruch fort: »Das Ergebnis eurer Arbeit soll euch lange erfreuen.« Hinter den Worten dieses Segens steckt Erfahrung. Dieser Segensspruch weiß um die Gefahr, die droht, wenn man nichts anderes sieht als Arbeit: Das kann dich kaputt machen. Das kann deine Beziehungen belasten und sie sogar in die Brüche gehen lassen.
Aber in der Arbeit liegt auch ein großer Segen. Arbeit kann ablenken. Sie gibt Selbstbestätigung. Sie läßt meine Fähigkeiten zur Entfaltung kommen. Es gibt Zufriedenheit, wenn ich sehen kann, was unter meinen Händen oder durch mein Denken entstanden ist.
Wenn man die Evangelien liest, fällt auf: Jesus geht nicht auf die großen Meditierer zu, nicht auf Menschen, die in frommen Gedanken tief versunken sind. Jesus geht auf die Leute zu, die mit ihren Händen arbeiten: auf die Fischer am See Gennesaret, auf den Zöllner an seiner Zollstelle. Und durch die Begegnung mit Jesus spüren sie: Gott spricht mich mitten in meiner Arbeit an.

*Evangelium: Berufung am Arbeitsplatz (Mt 4,18–22)*

Als Jesus am See von Galiläa entlangging, sah er zwei Brüder, Simon, genannt Petrus, und seinen Bruder Andreas; sie warfen gerade ihr Netz in den See, denn sie waren Fischer. Da sagte er zu ihnen: Kommt her, folgt mir nach! Ich werde euch zu Menschenfischern machen. Sofort ließen sie ihre Netze liegen und folgten ihm. Als er weiterging, sah er zwei andere Brüder, Jakobus, den Sohn des Zebedäus, und seinen Bruder Johannes; sie waren mit ihrem Vater Zebedäus im Boot und richteten ihre Netze her. Er rief sie, und sogleich verließen sie das Boot und ihren Vater und folgten Jesus.

*Gemeinsames Gebet: GL 615,1–2*

## 3. Altar: Gott begegnen im Wohlstand

Reichtum wird in frommen Kreisen oft schlechtgemacht. Der Wohlstand erscheint als größter Feind des Glaubens. Es wird argumentiert: Wohlstand führt zu Selbstzufriedenheit, Überheblichkeit, macht Menschen zu Egoisten, läßt Gott und den Mitmenschen vergessen.

Das Judentum denkt da anders. Wohlstand ist ein Gottesgeschenk. Wenn du im Wohlstand lebst, darfst du ihn genießen. Im guten Leben, im Wohlergehen, wenn etwas gelingt, erfährt der Jude den Segen Gottes.

Das Christentum hat in diesem Punkt seine Wurzeln im Judentum verlassen. Wir kennen alle das »Weh euch, ihr Reichen«, die Geschichte vom reichen Kornbauern mit seinem berühmten: »O, du Tor!«

Ich frage mich allerdings, ob die Einstellung eines gläubigen Juden in unserer heutigen Zeit nicht helfen könnte, mit unserem Reichtum und unserem Wohlstand als gläubige Menschen positiv umzugehen – ohne die Not in der Welt zu vergessen und mich von der Verantwortung für eine gerechtere Welt zu dispensieren. Wenn ich Reichtum als Segen Gottes empfinde, dann werde ich dankbar. Und wer dankbar ist, der hat auch einmal genug. Wer dankbar ist, der wird sich selbst *und* anderen auch etwas gönnen.

Es läßt sich nicht verhehlen: Es gibt scharfe Sprüche von Jesus gegen den Reichtum. Aber verachtet hat Jesus die Reichen nicht. Er bewegt sich auch in ihren Reihen. Er läßt sich von reichen Frauen unterstützen. Und die reichen Frauen finden mit ihrem Reichtum zur Begegnung mit Jesus und seiner Botschaft.

*Evangelium: Reiche Frauen um Jesus (Lk 8,1–3)*

In der folgenden Zeit wanderte er von Stadt zu Stadt und von Dorf zu Dorf und verkündete das Evangelium vom Reich Gottes. Die Zwölf begleiteten ihn, außerdem einige Frauen, die er von bösen Geistern und von Krankheiten geheilt hatte: Maria Magdalene, aus der sieben Dämonen ausgefahren waren, Johanna, die Frau des Chuzas, eines Beamten des Herodes, Susanna und viele andere. Sie alle unterstützten Jesus und die Jünger mit dem, was sie besaßen.

*Gemeinsames Gebet: GL 731 (KV und Psalmverse 11–16)*

## 4. Altar: Gott begegnen in Krankheit und Not

Jetzt könnte jemand sagen: Wer Liebe erfährt, wer in seiner Arbeit zufrieden wird, wer Gesundheit und Wohlstand erleben darf, der hat's gut. Da läßt sich leicht an Gott glauben. Aber wie steht es um die andern: die keinen Menschen haben, die sich nicht in der Arbeit verwirklichen können, die ständig auf andere angewiesen sind, die krank sind und Not in vielen Gesichtern erdulden müssen?
Auf diese Fragen gibt es keine Antwort. Verstehen läßt sich Leid nicht. Aber viele Menschen haben die Erfahrung gemacht: Ohne das Vertrauen, daß Gott auch im Leid da ist und Halt gibt, hätten sie ihr Leid nicht durchtragen können.
Seitdem das Kreuz das Zeichen unseres Glaubens ist, ist das Leid der entscheidende Ort, wo Gott am Wirken ist. Das ist zwar ein unverständlicher Gott, aber einer, der sich aus den Schattenseiten des Lebens nicht herauszieht.

*Evangelium: ... vieles erleiden (Mk 8,27–33)*

Jesus ging mit seinen Jüngern in die Dörfer bei Cäsarea Philippi. Unterwegs fragte er die Jünger: Für wen halten mich die Menschen? Sie sagten zu ihm: Einige für Johannes den Täufer, andere für Elija, wieder andere für sonst einen von den Propheten. Da fragte er sie: Ihr aber, für wen haltet ihr mich? Simon Petrus antwortete ihm: Du bist der Messias! Doch er verbot ihnen, mit jemand über ihn zu sprechen. Dann begann er, sie darüber zu belehren, der Menschensohn müsse vieles erleiden und von den Ältesten, den Hohenpriestern und den Schriftgelehrten verworfen werden; er werde getötet, aber nach drei Tagen werde er auferstehen. Und er redete ganz offen darüber. Da nahm ihn Petrus beiseite und machte ihm Vorwürfe. Jesus wandte sich um, sah seine Jünger an und wies Petrus mit den Worten zurecht: Weg mit dir, Satan, geh mir aus den Augen! Denn du hast nicht das im Sinn, was Gott will, sondern was die Menschen wollen.

*Litanei*

Herr, unser Gott, wir glauben, daß du nicht nur im Hellen und Schönen da bist, sondern auch im Dunklen und Schweren. Wir bekennen:

V: Gott, du bist da.
A: Gott, du bist da.
Im Schweren und Unverständlichen ...
In Krisen und in der Depression ...
In den Krankenhäusern und Pflegestationen ...
In der Enttäuschung und in der Hoffnungslosigkeit ...
In der Erfolglosigkeit und im Scheitern ...
Im Schmerz und in der Angst ...
Im Sterben und Tod ...

evtl. mit Predigt »Der zweite Himmel« (1)

## 2. Die Sichtweise Jesu

*Einleitung zur Prozession*

Eines ist für mich als Priester bei der Fronleichnamsprozession immer ein Erlebnis. Ich trage die Monstranz in Augenhöhe und schaue durch das Fensterchen am heiligen Brot vorbei auf die Straßen unseres Dorfes. Dieses Brot, das Zeichen für Jesus, und zugleich die grauen Straßen vor Augen, denke ich mir: Wie gut wäre es doch, unsere Welt durch die Brille Jesu zu sehen, mit den Augen Jesu den Menschen zu begegnen und aus seinem Blickwinkel an Situationen und Entscheidungen heranzugehen. An den vier Altären möchte ich mit Ihnen heute einmal darüber nachdenken, was für die Sichtweise Jesu typisch war und welche Bedeutung seine Sicht für uns haben könnte.

### 1. Altar: Das Gute sehen

»Du findest aber in jeder Suppe ein Haar!« Wenn das einem Menschen gesagt wird, dann heißt das, daß er immer einen Grund findet, um etwas madig zu machen, herumzukritteln und nichts als gut gelten zu lassen. Wir alle wissen, wie die detektivische Entdeckerfreude, die an jeder Kleinigkeit doch noch einen Haken und an jedem Menschen doch noch einen Fehler findet, das Leben mies machen kann.

An Jesus bewundere ich immer wieder, daß er trotz mancher herben Lebenserfahrung und Enttäuschung sich den Blick für das Gute und Schöne bewahrt hat. Selbst bei den Menschen, an denen die anderen kein gutes Haar lassen, findet er Eigenschaften, die er als vorbildhaft herausstellt, ob das beim Halsabschneider Zachäus ist, beim gottlosen Richter oder beim untreuen Verwalter. Keiner ist so schlecht, als daß man nicht wenigstens *etwas* Gutes von ihm lernen könnte. Das ist die Devise Jesu.

*Evangelium: Und der Herr lobte die Klugheit des unehrlichen Verwalters (Lk 16,1–8)*

Jesus sagte zu den Jüngern: Ein reicher Mann hatte einen Verwalter. Diesen beschuldigte man bei ihm, er verschleudere sein Vermögen. Darauf ließ er ihn rufen und sagte zu ihm: Was höre ich über dich?

Leg Rechenschaft ab über deine Verwaltung! Du kannst nicht länger mein Verwalter sein. Da überlegte der Verwalter: Mein Herr entzieht mir die Verwaltung. Was soll ich jetzt tun? Zu schwerer Arbeit tauge ich nicht, und zu betteln schäme ich mich. Doch – ich weiß, was ich tun muß, damit mich die Leute in ihre Häuser aufnehmen, wenn ich als Verwalter abgesetzt bin. Und er ließ die Schuldner seines Herrn, einen nach dem andern, zu sich kommen und fragte den ersten: Wieviel bist du meinem Herrn schuldig? Er antwortete: Hundert Faß Öl. Da sagte er zu ihm: Nimm deinen Schuldschein, setze dich gleich hin, und schreib »fünfzig«. Dann fragte er einen andern: Wieviel bist du schuldig? Der antwortete: Hundert Sack Weizen. Da sagte er zu ihm: Nimm deinen Schuldschein, und schreib »achtzig«. Und der Herr lobte die Klugheit des unehrlichen Verwalters und sagte: Die Kinder dieser Welt sind im Umgang mit ihresgleichen klüger als die Kinder des Lichtes.

*Litanei*

Herr Jesus Christus, du hast dir den Blick für das Gute bewahrt. Wir bitten dich:
V: Laß mich das Gute sehen, Herr.
A: Laß mich das Gute sehen, Herr.
Bei meinen Angehörigen ...
Bei mir selbst ...
Bei meinen Vorgesetzten ...
Bei meinen Untergebenen ...
Bei den Menschen, mit denen ich nicht zurecht komme ...
Bei meinen Arbeitskollegen ...
Bei Menschen, die anders denken als ich ...
Bei Menschen, die sich anders verhalten als ich ...
In den Sorgen, die sich andere um mich machen ...
In der Kritik, die andere an mir äußern ...

## 2. Altar: Die optimistische Sicht Jesu

»Es hat ja doch keinen Zweck!« Wem ist dieser Satz nicht schon einmal über die Lippen gerutscht? Da habe ich mich bemüht, das Beste gewollt – und habe trotzdem keinen Erfolg, keine Anerkennung geerntet, nicht einmal innere Befriedigung empfunden. Enttäuschung, Frust und Resignation ist dann die Quittung.
So manches Mal ist Jesus solchen Menschen begegnet: Den Jüngern

am See, die sich die Nacht über umsonst abgerackert haben. Den Wanderern nach Emmaus, deren Leben verpfuscht ist, und die alles liegen und stehen lassen. Faszinierend an seinem Verhalten ist für mich, wie er Menschen die Augen zu öffnen versucht für den tieferen Sinn sinnlos empfundener Situationen.
Auch wo scheinbar die Willkür von Menschen oder blindes Schicksal in seinem eigenen Leben die Oberhand gewinnen, da bewahrt er sich diese Fähigkeit, trotzdem einen Sinn zu sehen.

*Evangelium: Und er redete ganz offen darüber (Mk 8,31–33)*

Dann begann er sie darüber zu belehren, der Menschensohn müsse vieles erleiden und von den Ältesten, den Hohenpriestern und den Schriftgelehrten verworfen werden; er werde getötet, aber nach drei Tagen werde er auferstehen. Und er redete ganz offen darüber. Da nahm ihn Petrus beiseite und machte ihm Vorwürfe. Jesus wandte sich um, sah seine Jünger an und wies Petrus mit den Worten zurecht: Weg mit dir, Satan, geh mir aus den Augen! Denn du hast nicht das im Sinn, was Gott will, sondern was die Menschen wollen.

*Gebet*

Ich will glauben, daß nichts, was du schufst,
ins Nichts nur verrinnt.
Die Liebe am Ende über alles gewinnt,
daß zuletzt nicht das Dunkle und Finstere steht,
sondern alles ins Helle und Lichte eingeht,
daß das Letzte nicht Angst ist,
nicht Krankheit und Not,
sondern Leben am Schluß triumphiert über Tod.
Daß kein Weinen und Trauern,
kein Schmerz und kein Leid umsonst jemals war
und daß unsere Zeit
und unser Leben bekommt einen tieferen Sinn.
Daß du bei mir bist, wenn am Ende ich bin,
daß du deine Hände stets hälst über mich
und daß du uns im Leben läßt niemals im Stich.
Mein Gott, ich will glauben, daß alles so ist,
denn wir haben dein Wort,
daß du da für uns bist.

## 3. ALTAR: DAS HINTERGRÜNDIGE SEHEN

»Der oder die schaut aber gut aus!« »Wie der sprechen und auftreten kann!« »Was die alles leistet und fertigbringt!« Solche Äußerungen machen deutlich, wie leicht unsere Augen an den Äußerlichkeiten und dem Vordergründigen hängenbleiben.
Jesu Blick geht tiefer. Er hat ein Auge für das Hintergründige. Für den inneren Kern hinter der äußeren Schale. Für die inneren Beweggründe hinter dem äußeren Tun.
Eigentlich ist nichts Auffälliges an der Frau am Brunnen. Doch Jesus entdeckt die tiefe Sehnsucht der Frau nach einem echten Gespräch und führt sie am tiefen Brunnen in die Tiefe ihrer eigenen Seele.

*Evangelium: Ein tiefes Brunnengespräch (Joh 4,1–26)*
Jesus erfuhr, daß die Pharisäer gehört hatten, er gewinne und taufe mehr Jünger als Johannes – allerdings taufte nicht Jesus selbst, sondern seine Jünger; daraufhin verließ er Judäa und ging wieder nach Galiläa. Er mußte aber den Weg durch Samarien nehmen. So kam er zu einem Ort in Samarien, der Sychar hieß und nahe bei dem Grundstück lag, das Jakob seinem Sohn Josef vermacht hatte. Dort befand sich der Jakobsbrunnen. Jesus war müde von der Reise und setzte sich daher an den Brunnen; es war um die sechste Stunde.
Da kam eine samaritische Frau, um Wasser zu schöpfen. Jesus sagte zu ihr: Gib mir zu trinken! Seine Jünger waren nämlich in den Ort gegangen, um etwas zum Essen zu kaufen. Die samaritische Frau sagte zu ihm: Wie kannst du als Jude mich, eine Samariterin, um Wasser bitten? Die Juden verkehren nämlich nicht mit den Samaritern. Jesus antwortete ihr: Wenn du wüßtest, worin die Gabe Gottes besteht und wer es ist, der zu dir sagt: gib mir zu trinken!, dann hättest du ihn gebeten, und er hätte dir lebendiges Wasser gegeben. Sie sagte zu ihm: Herr, du hast kein Schöpfgefäß, und der Brunnen ist tief; woher hast du also das lebendige Wasser? Bist du etwa größer als unser Vater Jakob, der uns den Brunnen gegeben und selbst daraus getrunken hat, wie seine Söhne und seine Herden? Jesus antwortete ihr: Wer von diesem Wasser trinkt, wird wieder Durst bekommen; wer aber von dem Wasser trinkt, das ich ihm geben werde, wird niemals mehr Durst haben; vielmehr wird das Wasser, das ich ihm gebe, in ihm zur sprudelnden Quelle werden, deren Wasser ewiges Leben schenkt. Da sagte die Frau zu ihm: Herr, gib mir dieses Wasser, damit ich keinen Durst mehr habe und nicht mehr hierher kommen muß, um Wasser zu schöpfen. Er sagte zu

ihr: Geh, ruf deinen Mann, und komm wieder her! Die Frau antwortete: Ich habe keinen Mann. Jesus sagte zu ihr: Du hast richtig gesagt: Ich habe keinen Mann. Den fünf Männer hast du gehabt, und der, den du jetzt hast, ist nicht dein Mann. Damit hast du die Wahrheit gesagt.
Die Frau sagte zu ihm: Herr, ich sehe, daß du ein Prophet bist. Unsere Väter haben auf diesem Berg Gott angebetet; ihr aber sagt, in Jerusalem sei die Stätte, wo man anbeten muß. Jesus sprach zu ihr: Glaube mir, Frau, die Stunde kommt, zu der ihr weder auf diesem Berg noch in Jerusalem den Vater anbeten werdet. Ihr betet an, was ihr nicht kennt, wir beten an, was wir kennen; denn das Heil kommt von den Juden. Aber die Stunde kommt, und sie ist schon da, zu der die wahren Beter den Vater anbeten werden im Geist und in der Wahrheit; denn so will der Vater angebetet werden. Gott ist Geist, und alle, die ihn anbeten, müssen im Geist und in der Wahrheit anbeten. Die Frau sagte zu ihm: Ich weiß, daß der Messias kommt, das ist: der Gesalbte (Christus). Wenn er kommt, wird er uns alles verkünden. Da sagte Jesus zu ihr: Ich bin es, ich, der mit dir spricht.

*Litanei*

Jesus, du Menschenkenner, wir bitten dich:
V: Bewahre uns, o Herr.
A: Bewahre uns, o Herr.
Vor aller Oberflächlichkeit ...
Vor allem vorschnellen Urteilen ...
Vor billigen Pauschalurteilen ...
Vor der Angst, sich auf ein tiefes Gespräch einzulassen ...
Vor der Flucht in die Verharmlosung ...
Vor der Routine in der Arbeit und der Beziehung ...
Vor einer äußeren Frömmigkeit ohne Tiefe ...
Jesus, du Menschenfreund, wir bitten dich:
V: Schenke uns, o Jesus.
A: Schenke uns, o Jesus.
Tiefe Erlebnisse ...
Tiefgehende Gedanken ...
Eine tiefe Beziehung zu dir im Gebet ...
Eine tiefe Liebe zur Wahrheit ...

## 4. Altar: Jesu Blick für das Leid

Menschen leiden zu sehen ist schwer. Denn da spüren wir unsere eigene Ohnmacht und Hilflosigkeit. Leiden anderer mitzutragen, kann leicht über die Kraft gehen und einem Angst vor eigenem Versagen machen. Die große Stärke Jesu war sein Blick für die Leidenden. Für die Müden und die Gestrauchelten. Von seinem Blick ging Verständnis aus. Sein Blick gab ihnen noch Ansehen und weckte Hoffnung. Nicht genug, daß die Leidenden ihn immer wieder suchten und ansprachen. Er selbst sprach die große Einladung an sie aus, die wir im Matthäusevangelium hören.

*Evangelium: Kommt alle zu mir (Mt 11,28–30)*

Kommt alle zu mir, die ihr euch plagt und schwere Lasten zu tragen habt. Ich werde euch Ruhe verschaffen. Nehmt mein Joch auf euch und lernt von mir; denn ich bin gütig und von Herzen demütig; so werdet ihr Ruhe finden für eure Seele. Denn mein Joch drückt nicht, und meine Last ist leicht.

*Gemeinsames Gebet: GL 29,3*

evtl. mit Predigt »Dem Alltag Ansehen geben« (2)

# 3. Jesus auf Visite

*Einleitung*

In vielen Diözesen gibt es noch die Tradition der Bischofsvisite. Alle paar Jahre kommt der Bischof für einen Tag oder ein Wochenende in jede Gemeinde. Bewußt sucht er das Gespräch mit den Hauptamtlichen und mit den verschiedenen Gruppen und Gremien der Pfarrei. Er soll einen Einblick in das Gemeindeleben bekommen. Bewußt werden mit ihm auch Schwierigkeiten diskutiert und wird nach neuen Wegen im Gemeindeleben gesucht. Mittelpunkt ist der gemeinsame Gottesdienst mit der Predigt des Bischofs. Für so einen Tag bereiten sich Gemeinden gründlich vor; Fragenkataloge werden zusammengestellt, Statements vorbereitet und ein genauer Zeitplan ausgearbeitet.

Wenn wir heute die Monstranz durch unser Dorf/unseren Stadtteil tragen, laden wir Jesus im Grunde zu einer Visite ein. Ich denke, er würde sich über unsere prächtige Prozession freuen. Aber so, wie wir ihn aus den Evangelien kennen, würde er vermutlich des öfteren aus der Prozession ausbrechen und in Nebengassen verschwinden. Er würde bei seiner Visite sicher besonderen Wert auf ganz unscheinbare Orte und Situationen legen: wo im ganz normalen Alltag, mitten unter der Last der Arbeit und der täglichen Probleme versucht wird, Gott ernst zu nehmen und ehrlich zu leben. An jeder unserer vier Stationen wollen wir einen solchen Ort bedenken.

## 1. Altar: Eine ganz normale Familie

Fernsehserien, in denen Familien die Schauspielorte sind, werden immer beliebter. Das hängt sicher damit zusammen, daß da keine Vorzeigefamilien dargestellt werden, sondern ganz normale Familien ohne Beschönigung. Da knallen die Türen, fallen Schimpfwörter, da streiten sich die Geschwister und im nächsten Augenblick halten sie wieder zusammen. Da gibt es kaum einen Tag ohne ein neues Problem.

Glauben wir den Evangelien, so war auch die Familie Jesu keine Musterfamilie. Ich glaube, Jesus hätte Verständnis für alle Familien, die darunter leiden, daß sie eben keine Musterfamilie sind. Ich glaube, er hätte Verständnis dafür, wie schwer es ist, zwischen

Fernsehen und Hausaufgaben, zwischen Kochtopf und Freizeit, zwischen Kirchgang und Wunsch nach Ausschlafen einen Weg zu finden, der christlich ist und doch niemanden überfährt; den christlichen Glauben in der Familie einzuüben und doch nicht an der Welt vorbeizuleben.

*Evangelium: Jesus und seine Familie (Mk 3,20f)*

Jesus ging in ein Haus, und wieder kamen so viele Menschen zusammen, daß er und die Jünger nicht einmal mehr essen konnten. Als seine Angehörigen davon hörten, machten sie sich auf den Weg, um ihn mit Gewalt zurückzuholen; denn sie sagten: Er ist von Sinnen.

*Litanei*

Gott,
in unseren Familien wird Leben eingeübt.
In unseren Familien prägen wir Menschen
und wir selbst werden geprägt.
V: Gott, du weißt darum.
A: Gott, du weißt darum.
In der Familie leben wir hautnah zusammen ...
Wir haben uns gern und streiten miteinander ...
Wir erleben Zusammengehörigkeitsgefühl und gehen uns auf die Nerven ...
Wir geben und wir empfangen ...
Manchmal verstehen wir uns blind, manchmal sind mir mein Partner, meine Kinder, meine Eltern, meine Geschwister ein dunkles Rätsel ...
Wir machen uns Geschenke und fügen einander Wunden zu ...
Wir feiern und freuen uns miteinander und erleben Augenblicke großer Sprachlosigkeit ...
Probleme werden miteinander besprochen und bestanden, manchmal werden wir einander zum Problem ...
Es gibt Zeiten, da beten wir miteinander, und dann wieder schämen wir uns, miteinander die Hände zu falten ...
Wir erleben Stunden des Glücks und Stunden der Enttäuschung ...
In der Familie spielen wir miteinander und langweilen uns ...
Wir gehen liebevoll miteinander um und schreien uns an ...
Wir greifen einander unter die Arme und drücken uns aneinander vorbei ...
Wir sind froh, daß wir einander haben und wir leiden auch aneinander ...

## 2. Altar: Nachbarschaftshilfe

Ob ich mich an einem Ort wohlfühle, das hängt nicht zuletzt damit zusammen, ob es Türen gibt, an denen ich selbstverständlich klingeln kann, auch wenn ich nicht angemeldet bin. Ob ich mich an einem Ort wohlfühle, das hängt nicht zuletzt damit zusammen, ob es Telefonnummern gibt, die ich auch noch nach 10 Uhr abends wählen kann. Ob ich mich an einem Ort wohlfühle, das hängt nicht zuletzt damit zusammen, ob es Gesichter auf der Straße gibt, die mich mit einem Lächeln begrüßen und wo ich gerne stehenbleibe und ein paar Worte plaudere. Ob ich mich an einem Ort wohlfühle, das hängt nicht zuletzt damit zusammen, ob es Kinder gibt, zu denen meine Kinder in die Wohnung kommen dürfen, mit ihnen spielen und bei ihnen schlafen können.
Auf den ersten Blick hat das mit Glaube und Religion nichts zu tun. Aber wo so eine menschliche Vernetzung fehlt, kann man sicher nicht von einer christlichen Gemeinde sprechen. Es ist bezeichnend, daß Jesus den selbstverständlichen Gang zu einem Freund in der Nachbarschaft als Paradebeispiel für das Vertrauen zu Gott nimmt.

*Evangelium: Bei Nacht klopfen dürfen (Lk 11,5–8)*

Dann sagte er zu ihnen: Wenn einer von euch einen Freund hat und um Mitternacht zu ihm geht und sagt: Freund, leih mir drei Brote; denn einer meiner Freunde, der auf Reisen ist, ist zu mir gekommen und ich habe ihm nichts anzubieten!, wird dann etwa der Mann drinnen antworten: Laß mich in Ruhe, die Tür ist schon verschlossen, und meine Kinder schlafen bei mir; ich kann nicht aufstehen und dir etwas geben? Ich sage euch: Wenn er schon nicht deswegen aufsteht und ihm seine Bitte erfüllt, weil er sein Freund ist, so wird er doch wegen seiner Zudringlichkeit aufstehen und ihm geben, was er braucht.

*Gebet*

Gott,
allein können wir nicht leben.
Deshalb danken wir dir heute für alle Menschen,
die uns das Leben lebenswerter, leichter und freundlicher machen.

(Ein Mann) Ich danke dir für alle Menschen,
vor denen ich nicht zu spielen brauche,

zu denen ich kommen darf, ohne mich zusammenreißen zu müssen.
Ich danke dir für alle Menschen,
vor denen ich mich geben darf, wie ich bin,
ohne Angst haben zu müssen, ihr Vertrauen und Wohlwollen zu verlieren.

(Eine Frau) Ich danke dir für die Mütter, Omas und Opas,
die immer mit mir reden,
wenn ich vor dem Kindergarten warte,
und für alle, die mir beim Einkaufen freundlich zunicken.

(Ein Mann) Ich danke dir
für alle Arbeitskolleginnen und – kollegen,
die in mir einen wertvollen Menschen sehen
und nicht nur eine Produktionsnummer oder einen Konkurrenten.

(Eine Frau) Ich danke dir für die
alten Menschen unseres Stadtteiles/Dorfes,
die sich sichtlich freuen,
wenn unsere Kinder sie grüßen.
Sie sind uns liebe Bekannte geworden.

(Ein Mann) Ich danke dir für alle Menschen,
deren Telefonnummern ich auswendig weiß
und auch ohne Grund anrufen kann.

(Eine Frau) Ich danke dir für alle,
an deren Türen ich jederzeit klingeln kann
und wie selbstverständlich in die Wohnung eintreten darf.

(Ein Mann) Ich danke dir für alle,
die an Festtagen oder im Urlaub an mich denken
und durch einen Gruß zeigen,
daß ich ihnen wertvoll bin.

(Eine Frau) Ich danke dir
für die Freundinnen und Freunde unserer Kinder,
mit denen sie spielen, telefonieren und die sie gern besuchen.

(Ein Mann) Ich danke dir für alle Menschen,
die für mich vertraute Umgebung sind
und mir das Gefühl von Heimat geben.

## 3. Altar: Stille Beter

Eine Achtzigjährige sitzt mit ihrer Katze auf dem Sofa und schaut zum Fenster hinaus. Durch ihre Finger gleitet in regelmäßigen Abständen eine kleine Perle. Eine stille Beterin.
Da fährt eine Mutter mit ihrem Kinderwagen in die Kirche hinein. Das Kind plappert etwas. Die Mutter zeigt mit langgestreckten Fingern zum Kreuz. Sie setzt sich in eine Bank und summt ein Marienlied. Eine stille Beterin.
Da sitzt ein Mann mit seiner Arbeitstasche im Bus. Er denkt daran, was heute alles auf ihn zukommt. Gleich wird er wieder der Kollegin gegenüberstehen, mit der es erst gestern einen Wortwechsel gegeben hat. Er denkt sich: Gott, hilf mir, daß ich heute einigermaßen natürlich mit ihr umgehen kann. Ein stiller Beter.
Früh liest einer in der Zeitung von einem Unglücksfall. Er kennt den Toten überhaupt nicht. Aber der Gedanke schießt ihm durch den Kopf: Ach Gott, wie wird's seiner Frau und seinen Kindern jetzt wohl zumute sein? Ein stiller Beter.
Am Sonntag bekommt die Mutter von ihrem Sohn mit seiner Familie Besuch. Am späten Nachmittag steigen sie wieder ins Auto ein. Die Mutter denkt im stillen: Mein Gott, hoffentlich kommen sie wieder gut an!
Ich bin überzeugt: Jesus freut sich über diese stillen Beter. Wieviel Sorge und Verantwortung übernehmen da Menschen für andere – völlig unbemerkt.

*Evangelium: Wenn du betest ... (Mt 6,5–6)*

Wenn ihr betet, macht es nicht wie die Heuchler. Sie stellen sich beim Gebet gern in die Synagogen und an die Straßenecken, damit sie von den Leuten gesehen werden. Amen, das sage ich euch: Sie haben ihren Lohn bereits erhalten. Du aber geh in deine Kammer, wenn du betest, und schließ die Tür zu; dann bete zu deinem Vater, der im Verborgenen ist. Dein Vater, der auch das Verborgene sieht, wird es dir vergelten.

*Gebet*

(L 1) Wenn ich zu dir bete, Gott,
(L 2) dann weißt du um mich.

(L 1) Wenn ich zu dir aufschaue,
(L 2) dann siehst du mich.

(L 1) Wenn ich zu dir rufe,
(L 2) dann hörst du mich.

(L 1) Wenn ich vor dir schweige,
(L 2) dann umhüllst du mich.

(L 1) Wenn ich an dir zweifle,
(L 2) dann trägst du mich.

(L 1) Wenn ich das kann: zu dir beten,
(L 2) dann beschenkst du mich.

## 4. Altar: Menschen, die sich neu auf die Suche machen

Sie trauen sich nicht gleich wieder in den Gottesdienst. Aber am späten Abend, wenn die beiden jungen Eheleute bei einem Glas Wein zusammensitzen und das Gespräch aufs Sterben kommt, dann ist es plötzlich Mitternacht und sie haben gar nicht gemerkt, wie beim Diskutieren die Zeit vergangen ist. Und sie wundern sich, wie sie überhaupt auf dieses Thema gekommen sind. Menschen, die sich neu auf die Suche nach dem Glauben machen – ohne es zu wissen.
Eigentlich wollten sie nur ihr Kind zur Taufe anmelden. Aber als sie der Pfarrer fragt: »Welches Gefühl haben Sie, wenn Sie Ihr Kind in die Kirche tragen?«, wird ihnen ihre religiöse Ursehnsucht bewußt: Es ist ihr ganz ehrlicher Wunsch, daß dort noch einer seine Hände über ihr Kind hält, wo ihre Hände es loslassen müssen.
Sie leben schon ein paar Jahre zusammen. Über Gott haben sie miteinander noch nie geredet. Aber eines Nachts fragt der junge Mann seine Freundin: Betest du manchmal, bevor du einschläfst?
Nur aus Neugierde hat er die schweren Eingangstüren aufgemacht. Er hat ein paar Worte aus der Predigt aufgeschnappt. Sie sind ihm lange nachgegangen. Am nächsten Sonntag fragt er sich: Soll ich wieder hingehen?
Ich bin überzeugt: Jesus hat für Menschen dieses Schlags besondere Sympathie. Genauso wie für Nikodemus, der mitten in der Nacht zu ihm kommt. Sein Name steht stellvertretend für Menschen, die über ganz ungewohnte und völlig unbemerkte Wege zum Glauben finden.

*Evangelium: Fragen in der Nacht (Joh 3,1–13)*

Es war ein Pharisäer namens Nikodemus, ein führender Mann unter den Juden. Der suchte Jesus bei Nacht auf und sagte zu ihm: Rabbi, wir wissen, du bist ein Lehrer, der von Gott gekommen ist; denn niemand kann die Zeichen tun, die du tust, wenn nicht Gott mit ihm ist. Jesus antwortete ihm: Amen, amen, ich sage dir: Wenn jemand nicht von neuem geboren wird, kann er das Reich Gottes nicht sehen. Nikodemus entgegnete ihm: Wie kann ein Mensch, der schon alt ist, geboren werden? Er kann doch nicht in den Schoß seiner Mutter zurückkehren und ein zweites Mal geboren werden. Jesus antwortete ihm: Amen, amen, ich sage dir: Wenn jemand nicht aus Wasser und Geist geboren wird, kann er nicht in das Reich Gottes kommen. Was aus dem Fleisch geboren ist, das ist Fleisch; was aber aus dem Geist geboren ist, das ist Geist. Wundere dich nicht, daß ich dir sage: Ihr müßt von neuem geboren werden. Der Wind weht, wo er will: du hörst sein Brausen, weißt aber nicht, woher er kommt und wohin er geht. So ist es mit jedem, der aus dem Geist geboren ist. Nikodemus erwiderte ihm: Wie kann das geschehen? Jesus antwortete: Du bist der Lehrer Israels und verstehst das nicht? Amen, amen, ich sage dir: Was wir wissen, davon reden wir, und was wir gesehen haben, das bezeugen wir, und doch nehmt ihr unser Zeugnis nicht an. Wenn ich zu euch über irdische Dinge gesprochen habe und ihr nicht glaubt, wie werdet ihr glauben, wenn ich zu euch über himmlische Dinge spreche? Und niemand ist in den Himmel hinaufgestiegen außer dem, der vom Himmel herabgestiegen ist: der Menschensohn.

*Gemeinsames Gebet*

Abwechselnd Ps 63 beten: GL 676 (Vorschlag für die Einteilung in zwei Gruppen: alle, die unter 50 Jahre sind – alle, die über 50 Jahre sind).

evtl. mit Predigt »Jesus zu Gast« (3)

# 4. Kardinaltugenden

*Einleitung*

Das Wort »Tugend« hat bei vielen keinen guten Klang mehr. »Tugendhaft« heißt in unserem Denken soviel wie brav, folgsam, engherzig und kleinkariert.

Aber ist uns eigentlich bewußt, daß das Wort »Tugend« mit »Tauglichkeit« zusammenhängt? Der tugendhafte Christ ist ein Mensch, der sich im Alltag bewähren möchte.

Seit zweieinhalbtausend Jahren orientieren sich Menschen an den sogenannten Kardinaltugenden Gerechtigkeit, Klugheit, Tapferkeit und Maß. Auch in der christlichen Tradition gelten sie als Dreh- und Angelpunkte eines gelungenen Lebens. Der heilige Hieronymus sieht die Tugenden als Viergespann und Jesus selbst als Wagenlenker.

Wenn wir heute durch die Straßen unseres Dorfes/unserer Stadt gehen und an vier Altären haltmachen, wollen wir in diesem Jahr über die vier großen Tugenden nachdenken und uns von Jesus sagen lassen, wie wir uns in Gerechtigkeit, Klugheit, Tapferkeit und Maß im Alltag bewähren können.

## 1. Altar: Die Tugend der Gerechtigkeit

*Evangelium: Mt 5,17–20*

Denkt nicht, ich sei gekommen, um das Gesetz und die Propheten aufzuheben. Ich bin nicht gekommen, um aufzuheben, sondern um zu erfüllen. Amen, ich sage euch: Bis Himmel und Erde vergehen, wird auch nicht der kleinste Buchstabe des Gesetzes vergehen, bevor nicht alles geschehen ist. Wer auch nur eines von den kleinsten Geboten aufhebt und die Menschen entsprechend lehrt, der wird im Himmelreich der Kleinste sein. Wer sie aber hält und halten lehrt, der wird groß sein im Himmelreich. Darum sage ich euch: Wenn eure Gerechtigkeit nicht weit größer ist als die der Schriftgelehrten und Pharisäer, werdet ihr nicht in das Himmelreich kommen.

*Auslegung*

»Allen Menschen recht getan, ist eine Kunst, die niemand kann.« Oft im Spaß gesagt, stecken hinter diesem Sprichwort ernste Lebensfragen: Wie werde ich als Vater oder Mutter meinen unterschiedlichen Kindern *gerecht* ? Wie reagieren die sicher im Leben Stehenden darauf, wenn ich dem Schwächeren und Schwierigen eine größere Sorgfalt und Zuneigung widme? Wird mir dann *Ungerechtigkeit* vorgeworfen?

Die Tugend der Gerechtigkeit – im Sinne Jesu – heißt nicht: Gerechtigkeit nach Paragraphen, Belohnung und Bestrafung nach Leistung, einer wie der andere. Gerechtigkeit im Sinne Jesu heißt: Dem Menschen in seiner Situation nach meinen Möglichkeiten gerecht zu werden versuchen.

*Gemeinsames Gebet: GL 644,1.6.7.*

Vorschlag zur Gruppeneinteilung: Strophe 1 (Männer), Strophe 6 (Frauen), Strophe 7 (gemeinsam).

## 2. Altar: Die Tugend der Klugheit

*Evangelium: Mt 10,16–19*

Ich sende euch wie Schafe mitten unter die Wölfe. Seid daher klug wie die Schlangen und arglos wie die Tauben. Nehmt euch aber vor den Menschen in acht! Denn sie werden euch vor die Gerichte bringen und in ihren Synagogen auspeitschen. Ihr werdet um meinetwillen vor Statthalter und Könige geführt, damit ihr vor ihnen und den Heiden Zeugnis ablegt. Wenn man euch vor Gericht stellt, macht euch keine Sorge, wie und was ihr reden sollt; denn es wird euch in jener Stunde eingegeben, was ihr sagen sollt.

*Auslegung*

Die Tugend der Klugheit nach Jesus bedeutet nicht: Verschlagenheit, Hinterhältigkeit. Sie ist nicht am Intelligenzgrad zu messen. Klugheit heißt nicht diplomatische Taktik.

Klugheit nach Jesus heißt: Wissen, wie ich mein Leben anzupacken habe. Und das ist bei Gott nicht leicht.

Wie oft frage ich mich: Ist es klug zu schweigen – oder feige? Ist es klug einzugreifen – oder mache ich damit alles kaputt?

Klugheit im Sinne Jesu heißt: Genau abzuwägen, sich vor einer Entscheidung nicht zu drücken oder sie abzuschieben.

Klugheit heißt: Sich die Mühe des Nachdenkens nicht ersparen. Auch die Konsequenzen meiner Entscheidung bedenken.
Diese Klugheit wird nicht aus Büchern, sondern in den Erfahrungen des Lebens und im Gebet gewonnen.

*Gebet*

Laß mich klug sein, Gott,
klug im Denken und im Reden.
Laß mich klug sein, Gott,
klug im Handeln und in meinem ganzen Wesen.
Laß mich klug sein, Gott.

## 3. Altar: Die Tugend der Tapferkeit

*Evangelium: Joh 18,19–23*

Der Hohepriester fragte Jesus nach seinen Jüngern und seiner Lehre. Jesus antwortete ihm: Ich habe öffentlich zur Welt gesprochen. Ich habe immer in Synagogen und im Tempel gelehrt, wo alle Juden zusammenkommen. Im geheimen habe ich nichts gesprochen. Warum fragst du mich? Frag doch jene, die gehört haben, was ich zu ihnen gesprochen habe. Sie wissen, was ich geredet habe. Als er dies sagte, schlug ein Diener, der dabeistand, Jesus ins Gesicht und sprach: Antwortest du so dem Hohenpriester? Jesus entgegnete ihm: Wenn es nicht recht war, was ich gesagt habe, weise das Unrecht nach. War es aber recht, warum schlägst du mich?

*Auslegung*

Die Tugend der Tapferkeit. Am Beispiel Jesu betrachtet, zeigt sie sich nicht in erster Linie in selbst ausgewählten Heldentaten, sondern darin, eine Situation durchzustehen, die ich mir nicht ausgesucht habe, einen Menschen auszuhalten, der mir nicht liegt.
Tapferkeit im Sinne Jesu heißt: Auch wenn ich geschlagen und verwundet worden bin, meine menschliche Würde behalten und ohne Angst oder Aggression dem ins Auge schauen, der mir Unrecht tut.
Tapferkeit im Sinne Jesu heißt: Auch wenn meine Chancen schlecht stehen, auch wenn ich von Menschen abgeurteilt werde, ungebeugt und ungebrochen bleiben, weil ich darauf vertraue: Das letzte Wort gehört einem anderen. Das letzte Urteil spricht Gott.

*Litanei*

V: Sei du bei mir!
A: Sei du bei mir!
Wenn die Knie zittern und die Stimme versagt ...
Wenn mir das Herz in die Hose rutscht ...
Wenn die Kräfte schwinden und niemand hilft ...
Wenn mir der Boden unter den Füßen wankt ...
Wenn ich Verletzungen hinnehmen muß ...
Wenn mir vor Menschen angst wird ...
Wenn mich der Mut verläßt ...

## 4. Altar: Die Tugend des rechten Masses

*Evangelium: Mt 7,13f*

Geht durch das enge Tor! Denn das Tor ist weit, das ins Verderben führt, und der Weg dahin ist breit, und viele gehen auf ihm. Aber das Tor, das zum Leben führt, ist eng, und der Weg dahin ist schmal, und nur wenige finden ihn.

*Auslegung*

Die Tugend des Maßes. Im Sinne Jesu bedeutet sie: nicht dem großen Haufen nachgehen, nicht einfach den leichtesten und bequemsten Weg wählen. Nicht zu fragen: Wozu hab' ich heute Lust und Laune, sondern: Was ist gut für mich? Was bringt mich weiter? Mit der Tugend des Maßes durchs Leben gehen zu wollen heißt: Ich bin bereit auch zu Verzicht und Disziplin. Denn der Weg, der zum Leben führt, ist schmal. Aber er läßt sich finden und gehen – mit der Tugend des Maßes.

*Litanei*

V: Nimm mich bei der Hand, mein Gott!
A: Nimm mich bei der Hand, mein Gott!

Angemessen will ich reagieren auf alles, was mich stört,
und meinen Zorn in Grenzen halten ...

Maßvoll will ich sein, in allem, was mich treibt,
und meinen Trieb in Bahnen lenken ...

Mäßig will ich sein in allem, was ich brauche,
und meine Kraft erhalten ...

# 5. Ihm nahekommen

*Einleitung*

Schaufenster wollen anlocken, wollen Interesse wecken, wollen, daß wir näherkommen. Wir tragen heute Jesus im Schaufenster der Monstranz durch die Straßen. Auch dieses Schaufenster will anlocken, will Interesse wecken, will, daß wir diesem Jesus näherkommen. An den vier Altären wollen wir uns einzelne Schritte überlegen, wie wir Jesus näherkommen könnten.

## 1. Altar: Neugier

»Sei doch nicht so neugierig!« heißt es, wenn jemand so tut, als wisse er nichts, und dann lange außenherum fragt, bis er aus dem andern herausgekitzelt hat, was er hören will. Angeblich soll Neugier ein typisches Laster der Frauen sein, wogegen sich die Frauen allerdings zu Recht deutlich verwehren.

Aber Neugier hat auch ihre guten Seiten. Ohne sie gäbe es keinen Fortschritt, keine Entdeckungen, kein Interesse am andern. Auch im Glauben wird es ohne Neugier keinen Fortschritt, keine Entwicklung geben. Der Glaube würde in den Kinderschuhen steckenbleiben. Nur mit Neugier werde ich auch an Jesus immer noch Neues entdecken.

Vielleicht wünscht sich Jesus nichts mehr als: Seid doch wieder einmal neugierig, wenn ihr das Evangelium hört!

Nach dem Johannesevangelium ist es Neugier, die die ersten Jünger zu Jesus führt. Sie stellen ihm eine ganz neugierige Frage. Aber er sagt nicht: Seid doch nicht so neugierig. Sondern: Kommt und seht!

*Evangelium: Neugierige Täuferjünger (Joh 1,35–39)*

Am Tag darauf stand Johannes wieder dort, und zwei seiner Jünger standen bei ihm. Als Jesus vorüberging, richtete Johannes seinen Blick auf ihn und sagte: Seht, das Lamm Gottes! Die beiden Jünger hörten, was er sagte, und folgten Jesus. Jesus aber wandte sich um, und als er sah, daß sie ihm folgten, fragte er sie: Was wollt ihr? Sie sagten zu ihm: Rabbi – das heißt übersetzt: Meister –, wo wohnst du? Er antwortete: Kommt, und seht! Da gingen sie mit und sahen, wo er wohnte, und blieben jenen Tag bei ihm; es war um die zehnte Stunde.

*Litanei*

Herr Jesus Christus: Laß uns dich finden.
A: Laß uns dich finden.
Im Alltag unseres Lebens ...
In unserer Arbeit ...
In unserem Ruhen ...
In unserem Feiern ...
In der Schönheit der Schöpfung ...
In unseren Gebeten ...
In unserer Freude ...
In der Begegnung mit Menschen ...

## 2. Altar: Sich hinsetzen und überlegen

Die Schriftstellerin Ida Friederike Görres berichtet in einem ihrer Bücher, ihr Schwiegervater habe oft erzählt, daß der Satz: »Ich habe gegrübelt« einst zu den Standardsätzen bei seinen Beichten gehörte. Allzu schnell wurde in vergangenen Jahrzehnten das kritische Nachdenken über Glaubensdinge in die Nähe von »Sünde« gerückt.
Ganz im Gegensatz zu Jesus. Er rät sogar: Setz dich hin und denke nach! Bevor du auf etwas hereinspringst, setz dich hin und denke nach! Schätze dich selbst richtig ein! Denn Glaube ist keine Augenblickssache, sondern will durchgehalten werden. Glaube braucht nicht nur Gefühl, sondern auch Hirn und Wille.
Jesus will keine blinden Mitläufer, sondern bewußte Nachfolger.

*Evangelium: Erst hinsetzen, dann handeln (Lk 14,25–33)*

Viele Menschen begleiteten ihn; da wandte er sich an sie und sagte: Wenn jemand zu mir kommt und nicht Vater und Mutter, Frau und Kinder, Brüder und Schwestern, ja sogar sein Leben gering achtet, dann kann er nicht mein Jünger sein. Wenn einer von euch einen Turm bauen will, setzt er sich dann nicht zuerst hin und rechnet, ob seine Mittel für das ganze Vorhaben ausreichen? Sonst könnte es geschehen, daß er das Fundament gelegt hat, dann aber den Bau nicht fertigstellen kann. Und alle, die es sehen, würden ihn verspotten und sagen: Der da hat einen Bau begonnen und konnte ihn nicht zu Ende führen.
Oder wenn ein König gegen einen anderen in den Krieg zieht, setzt er sich dann nicht zuerst hin und überlegt, ob er sich mit seinen

zehntausend Mann dem entgegenstellen kann, der mit zwanzigtausend gegen ihn anrückt? Kann er es nicht, dann schickt er eine Gesandtschaft, solange der andere noch weit weg ist, und bittet um Frieden. Darum kann keiner von euch mein Jünger sein, wenn er nicht auf seinen ganzen Besitz verzichtet.

*Gebet*

Vernünftig will ich sein
und kritisch
und in allem glauben,
daß du mich trägst.

Erkennen will ich
und sehen
und in allem glauben,
daß du alles trägst.

Handeln will ich
und vorwärts drängen
und in allem glauben,
daß du mich lenkst.

Empfangen will ich
und mich führen lassen
und in allem glauben,
daß du alles lenkst.

## 3. Altar: Sich immer wieder in Frage stellen lassen

Der griechische Philosoph Sokrates ist von seinem Schüler Platon in einem merkwürdigen Vergleich mit einem Zitterrochen verglichen worden (Menon 13 [80A]). Zitterrochen sind Fische, die elektrische Schläge abgeben, wenn man sie berührt. So ähnlich hat Sokrates die Menschen offensichtlich zusammenzucken lassen, wenn er sie mit seinen bohrenden Fragen konfrontierte. Er hat die Leute damit aufgeschreckt, um sie zu einem tieferen Nachdenken zu bringen.
Schüler von Jesus haben von ihm denselben Eindruck. Seine Fragen stechen und wollen aufrütteln. Er stellt immer wieder in Frage und will durch seine gezielten Stiche zu einer Gesinnungsänderung und zu einer ganz persönlichen Entscheidung hinführen.

*Evangelium: Vor den Kopf gestoßen (Mt 8,18–22)*

Als Jesus die vielen Menschen sah, die um ihn waren, befahl er, ans andere Ufer zu fahren. Da kam ein Schriftgelehrter zu ihm und sagte: Meister, ich will dir folgen, wohin du auch gehst. Jesus antwortete ihm: Die Füchse haben ihre Höhlen und die Vögel ihre Nester; der Menschensohn aber hat keinen Ort, wo er sein Haupt hinlegen kann. Ein anderer aber, einer seiner Jünger, sagte zu ihm: Herr, laß mich zuerst heimgehen und meinen Vater begraben. Jesus erwiderte: Folge mir nach; laß die Toten ihre Toten begraben!

*Gemeinsames Gebet: GL 299,1–4*

## 4. Altar: Ohne Vertrauen geht nichts

Glaube hat eine ähnliche Struktur wie Beziehung zwischen Menschen. Eine Beziehung bahnt sich an, wenn ich von einem Menschen fasziniert bin, wenn ich neugierig auf ihn werde und Interesse an ihm finde. Je intensiver die Beziehung wird, desto mehr Fragen gehen mir hinsichtlich der Tragfähigkeit der Beziehung durch den Kopf. Und wie oft stellt eine Beziehung auch mich selbst in Frage. Am Ende geht Beziehung nicht ohne Vertrauen. Nur wenn ich zu einem Menschen sage: Ich traue dir, kann Beziehung auf Dauer gelingen.

Bei der Beziehung zu Jesus ist es nicht anders. Sie entsteht durch Neugier und Interesse. Sie wirft Fragen auf und stellt mich in Frage. Am Ende steht und fällt auch die Beziehung zu Jesus mit meinem Vertrauen zu ihm.

*Evangelium: Vertrauen ist alles (Mk 4,35–41)*

Am Abend dieses Tages sagte er zu ihnen: Wir wollen ans andere Ufer hinüberfahren. Sie schickten die Leute fort und fuhren mit ihm in dem Boot, in dem er saß, weg; einige andere Boote begleiteten ihn. Plötzlich erhob sich ein heftiger Wirbelsturm, und die Wellen schlugen in das Boot, so daß es sich mit Wasser zu füllen begann. Er aber lag hinten im Boot auf einem Kissen und schlief. Sie weckten ihn und riefen: Meister, kümmert es dich nicht, daß wir zugrundegehen? Da stand er auf, drohte dem Wind und sagte zu dem See: Schweig, sei still! Und der Wind legte sich und es trat völlige Stille ein. Er sagte zu ihnen: Warum habt ihr solche Angst? Habt ihr noch keinen Glauben? Da ergriff sie große Furcht; und sie sagten zueinander: Was ist das für ein Mensch, daß ihm sogar der Wind und der See gehorchen?

*Gebet*

KV: Auf dein Wort, Herr, laß uns vertrauen, stärke unsern Glauben.

Bei Gott allein kommt meine Seele zur Ruhe,
von ihm kommt mir Hilfe.
Nur er ist mein Fels, meine Hilfe, meine Burg,
darum werde ich nicht wanken.

KV: Auf dein Wort, Herr, laß uns vertrauen, stärke unsern Glauben.

Bei Gott allein kommt meine Seele zur Ruhe,
denn von ihm kommt meine Hoffnung.
Bei Gott ist mein Heil, meine Ehre,
Gott ist mein schützender Fels, meine Zuflucht.

KV: Auf dein Wort, Herr, laß uns vertrauen, stärke unseren Glauben.

evtl. mit Predigt »Jesus im Schaufenster« (5)

# 6. Jesusbegegnungen

*Einleitung*

Alle vier Evangelien erzählen, daß es eine Leidenschaft von Jesus war, auf Menschen zuzugehen. Er kam nicht nur zu bestimmten Gruppen, sondern er trat in Kontakt mit Menschen unterschiedlicher Art, verschiedener Herkunft und Gesinnung. Wir tragen heute Jesus in der Gestalt des Brotes durch die Straßen unseres Dorfes/Ortes. Wir machen an vier Altären halt. An jeder Station lassen wir uns von einem anderen Evangelisten erzählen, wie Jesus haltgemacht hat – bei Menschen, die am Rand der Straße stehen.

## 1. Altar: Kinder

Für Kinder ist unsere Zeit sensibel geworden. Man weiß, daß die ersten Jahre der Kindheit Weichen für das Leben stellen. Zur Zeit Jesu sind Kinder kein großes Thema. Viel wurde über sie nicht nachgedacht. Interessant wird ein Kind erst, wenn es mit 12 oder 13 Jahren in die Synagogengemeinde eingegliedert wird. Kein Wunder, daß die Zwölf mit den Kindern, die von ihren Müttern zu Jesus gebracht werden, keine wertvolle Zeit verlieren wollen. Ihrer Meinung nach hat Jesus Wichtigeres zu tun, als sich mit Kinderkram abzugeben. Aber Jesus reagiert unerwartet.

*Evangelium: Mt 19,13–15*

Da brachte man Kinder zu ihm, damit er ihnen die Hände auflegte und für sie betete. Die Jünger aber wiesen die Leute schroff ab. Doch Jesus sagte: Laßt die Kinder zu mir kommen; hindert sie nicht daran! Denn Menschen wie ihnen gehört das Himmelreich. Dann legte er ihnen die Hände auf und zog weiter.

*Gemeinsames Gebet: GL 25,2*

## 2. ALTAR: LEID VERSCHIEDENSTER ART

Neben den Kindern sind schon immer Alte und Kranke die schwächsten Glieder der Gesellschaft. Das hat man offensichtlich gespürt: Dieser Jesus hat eine Schwäche für die Schwachen. Kein Wunder, daß man von allen Seiten die Kranken und Leidenden zu ihm hinausträgt.

*Evangelium: Mk 6,53–56*

Sie fuhren auf das Ufer zu, kamen nach Gennesaret und legte dort an. Als sie aus dem Boot stiegen, erkannte man ihn sofort. Die Menschen eilten durch die ganze Gegend und brachten die Kranken auf Tragbahren zu ihm, sobald sie hörten, wo er war. Und immer, wenn er in ein Dorf oder eine Stadt oder zu einem Gehöft kam, trug man die Kranken auf die Straße hinaus und bat ihn, er möge sie wenigstens den Saum seines Gewandes berühren lassen. Und alle, die ihn berührten, wurden geheilt.

*Gebet*

In jedem Dorf gibt es Kranke, oft auch Not, die keiner sieht. Für diese Menschen beten wir heute:
Laßt uns denken an alle, die verlassen sind,
die ihr Leid nicht ertragen können.
An alle Gehemmten und Ängstlichen,
die unsicher sind und keinen Rat mehr wissen.
An alle, die mutlos werden,
die das Böse in dieser Welt nicht sehen können.
An alle, die zu kurz gekommen sind,
an alle Unglücklichen und Behinderten,
an alle unheilbar Kranken,
an alle, die getröstet werden müssen.
Gott, steh du ihnen zur Seite
und laß sie deine Nähe spüren.

## 3. ALTAR: DIE VON JESUS NICHTS MEHR WISSEN WOLLEN

Das ist klar: Niemals kann ich alle Menschen von dem überzeugen, was mir wichtig ist. Aber wenn meine Ideen von denen abgeschmettert oder suspekt betrachtet werden, mit denen ich zusammenlebe, dann tut das besonders weh. Das muß Jesus erfahren, als er nach Nazaret kommt, seinen Heimatort, wo er aufgewachsen ist, wo er 30 Jahre lang unter seinen Freunden und Verwandten gelebt hat.

*Evangelium: Lk 4,16–30*

So kam er auch nach Nazaret, wo er aufgewachsen war, und ging, wie gewohnt, am Sabbat in die Synagoge. Als er aufstand, um aus der Schrift vorzulesen, reichte man ihm das Buch des Propheten Jesaja. Er schlug das Buch auf und fand die Stelle, wo es heißt:
Der Geist des Herrn ruht auf mir; denn der Herr hat mich gesalbt. Er hat mich gesandt, damit ich den Armen eine gute Nachricht bringe; damit ich den Gefangenen die Entlassung verkünde und den Blinden das Augenlicht; damit ich die Zerschlagenen in Freiheit setze und ein Gnadenjahr des Herrn ausrufe.
Dann schloß er das Buch, gab es dem Synagogendiener und setzte sich. Die Augen aller in der Synagoge waren auf ihn gerichtet. Da begann er ihnen darzulegen: Heute hat sich das Schriftwort, das ihr eben gehört habt, erfüllt. Seine Rede fand bei allen Beifall; sie staunten darüber, wie begnadet er redete, und sagten: Ist das nicht der Sohn Josefs? Da entgegnete er ihnen: Sicher werdet ihr mir das Sprichwort vorhalten: Arzt, heile dich selbst! Wenn du in Kafarnaum so große Dinge getan hast, wie wir gehört haben, dann tu sie auch hier in deiner Heimat! Und er setzte hinzu: Amen, das sage ich euch: Kein Prophet wird in seiner Heimat anerkannt. Wahrlich, das sage ich euch: In Israel gab es viele Witwen in den Tagen des Elija, als der Himmel für drei Jahre und sechs Monate verschlossen war und eine große Hungersnot über das ganze Land kam. Aber zu keiner von ihnen wurde Elija gesandt, nur zu einer Witwe in Sarepta bei Sidon. Und viele Aussätzige gab es in Israel zur Zeit des Propheten Elischa. Aber keiner von ihnen wurde geheilt, nur der Syrer Naaman. Als die Leute in der Synagoge das hörten, gerieten sie alle in Wut. Sie sprangen auf und trieben Jesus zur Stadt hinaus; sie brachten ihn an den Abhang eines Berges, auf dem ihre Stadt erbaut war, und wollten ihn hinabstürzen. Er aber schritt mitten durch die Menge hindurch und ging weg.

*Gemeinsames Gebet: GL 28,6*

## 4. Altar: Die Jesus entdecken

In seiner Heimat kommt Jesus nicht an. Aufmerksam wird man auf ihn, wo er fremd ist. Als er in den Dörfern um den See Gennesaret erscheint, sind viele von ihm begeistert. Es gab sogar einige, die liefen ihm nach. Die haben bei ihm gesucht, was sie bisher nicht gefunden hatten.

*Evangelium: Joh 1,35–39*

Am Tag darauf stand Johannes wieder dort, und zwei seiner Jünger standen bei ihm. Als Jesus vorüberging, richtete Johannes seinen Blick auf ihn und sagte: Seht, das Lamm Gottes! Die beiden Jünger hörten, was er sagte, und folgten Jesus. Jesus aber wandte sich um, und als er sah, daß sie ihm folgten, fragte er sie: Was wollt ihr? Sie sagten zu ihm: Rabbi – das heißt übersetzt: Meister – , wo wohnst du? Er antwortete: Kommt und seht! Da gingen sie mit und sahen, wo er wohnte, und blieben jenen Tag bei ihm; es war um die zehnte Stunde.

*Gebet*

Du geheimnisvoller und unsichtbarer Gott,
seit Jahrtausenden suchen die Menschen dich,
Tag für Tag – seit es Menschen gibt –
versuchen wir dich zu fassen.
Wir können dich mit unseren Gedanken nicht denken.
Wir können dich mit unseren Worten nicht sprechen.
Wir können dich mit unseren Bildern nicht malen.
Wir können dich weder ergreifen noch begreifen.
Laß diese Sehnsucht in uns doch nicht verschwinden.
Laß uns begreifen, daß ohne diese Sehnsucht unser Leben ärmer wäre.
Laß uns ein Leben lang dich suchen.

# 7. In Prozession

*Einleitung*

Die Fronleichnamsprozession gehört zum uralten Traditionsgut unserer christlichen Gemeinden. Aber die Prozession ist mehr als Folklore und Prachtentfaltung. Prozession will uns bewußt machen, was im menschlichen Leben *abläuft* , und will uns beim Laufen anregen, über die Grundvollzüge des Lebens nachzudenken.
Wir denken uns nicht viel dabei, wenn wir gehen. Aber heute wollen wir auf dem Weg zum ersten Altar einmal bewußt darüber nachdenken, daß das Leben ein *Weg* ist.
Wir denken uns nicht viel dabei, wenn wir in der Prozession einer hinter dem anderen gehen. Aber auf dem Weg zum zweiten Altar wollen wir einmal bewußt darüber nachdenken, daß wir immer *in den Fußstapfen anderer* gehen.
Wir denken uns nicht viel dabei, wenn wir an den verschiedenen Altären haltmachen. Aber auf dem Weg zum dritten Altar wollen wir bewußt darüber nachdenken, wie wichtig für unser Leben das *Ausruhen* und *Rastmachen* ist.
Wir denken uns nicht viel dabei, wenn wir in die Kirche zurückkehren. Aber auf dem Rückweg zur Kirche wollen wir bewußt darüber nachdenken, was es heißt *anzukommen.*

## 1. Altar: Schreiten – Lob der kleinen Schritte

*Prozession* kommt vom lateinischen Wort *procedere*, d. h. voranschreiten. Bei der Prozession machen wir keine großen Sprünge und keine Schnelläufe, sondern setzen Schritt vor Schritt.
Das will uns bewußt machen: Wer sich im Leben etwas Großes vornimmt, für den kommt es nicht darauf an, in welchem Tempo er die Sache angeht, sondern nur darauf: keinen Tag stehenzubleiben, sich nicht hängenzulassen. An jedem Tag versuchen, einen kleinen Schritt vorwärtszukommen.
Zu nichts anderem will Jesus den Petrus ermuntern, wenn er ihn bittet: Wirf dein Netz noch einmal aus!

*Evangelium: Lk 5,1–6*

Als Jesus am Ufer des Sees Gennesaret stand, drängte sich das Volk um ihn und wollte das Wort Gottes hören. Da sah er zwei Boote am Ufer liegen. Die Fischer waren ausgestiegen und wuschen ihre Netze. Jesus stieg in das Boot, das dem Simon gehörte, und bat ihn, ein Stück weit vom Land wegzufahren. Dann setzte er sich und lehrte das Volk vom Boot aus. Als er seine Rede beendet hatte, sagte er zu Simon: Fahr hinaus auf den See! Dort werft eure Netze zum Fang aus! Simon antwortete ihm: Meister, wir haben die ganze Nacht gearbeitet und nichts gefangen. Doch wenn du es sagst, werde ich die Netze auswerfen. Das taten sie, und sie fingen eine so große Menge Fische, daß ihre Netze zu reißen drohten.

## 2. Altar: Hintereinander gehen – auf die Monstranz schauen

Ob wir es uns eingestehen wollen oder nicht: Unser Leben läuft in festen Bahnen ab. Wir treten immer in die Fußstapfen derer, die uns vorausgingen. Wir übernehmen Einstellungen, Grundsätze, Eigenheiten unserer Vorfahren. Und es ist eine große Hilfe, nicht bei jedem Schritt selbst neu überlegen zu müssen, wo's hingeht.
Aber wenn wir bei der Fronleichnamsprozession hintereinander hergehen und dabei auf die Monstranz schauen, dann will uns das bewußt machen: Du kannst nicht allem hinterherlaufen. Und du darfst nicht blindlings allem folgen. Ob die Richtung stimmt, zeigt sich daran, ob Jesus diesen Weg auch gegangen wäre.
Mir nach! Hinter mir her!– Das schärft Jesus seinen Jüngern unzählige Male ein.

*Evangelium: Mt 4,18–22*

Als Jesus am See von Galiläa entlangging, sah er zwei Brüder. Simon, genannt Petrus, und seinen Bruder Andreas; sie warfen gerade ihre Netze in den See, denn sie waren Fischer. Da sagte er zu ihnen: Kommt her, folgt mir nach! Ich werde euch zu Menschenfischern machen. Sofort ließen sie ihre Netze liegen und folgten ihm. Als er weiterging, sah er zwei andere Brüder, Jakobus, den Sohn des Zebedäus, und seinen Bruder Johannes; sie waren mit ihrem Vater Zebedäus im Boot und richteten ihre Netze her. Er rief sie, und sofort verließen sie das Boot und ihren Vater und folgten Jesus.

## 3. Altar: Haltmachen

Die einzige Autorität, die den modernen Menschen noch zum Anhalten bringt, das ist die rote Ampel. Sonst ist er immer auf Achse und läuft auf Hochtouren. Höchstens eine Krankheit zwingt noch zur Ruhe.
Doch jeder weiß: Kein Mensch hält das auf Dauer aus. Nach Zeiten der Anspannung müssen Zeiten der Entspannung folgen. Nach Zeiten, wo man richtig hingelangt hat, muß es eine Zeit geben, wo man die Hände in den Schoß legen kann. Symbolisch stehen dafür auf unserem Prozessionsweg die Stationen: Da bleiben wir stehen. Da machen wir Halt.
Und wenn wir das Evangelium hören, wird es uns auffallen, daß Jesus seine Jünger gerade in Situationen, wo sie alle Hände voll zu tun hätten, zum Ausruhen einlädt.

*Evangelium: Mk 6,30–32*

Die Apostel versammelten sich wieder bei Jesus und berichteten ihm alles, was sie getan und gelehrt hatten. Da sagte er zu ihnen: Kommt mit an einen einsamen Ort, wo wir allein sind, und ruht ein wenig aus. Denn sie fanden nicht einmal Zeit zum Essen, so zahlreich waren die Leute, die kamen und gingen. Sie fuhren also mit dem Boot in eine einsame Gegend, um allein zu sein.

## 4. Altar: Ans Ziel kommen

Wenn wir uns von einem Besuch verabschieden, sagen wir oft dem abfahrenden Auto noch nach: Kommt gut an! In unserer Prozession bewegen wir uns jetzt wieder auf das Ziel zu. Das ist einfach eine menschliche Sehnsucht, gut anzukommen: am Abend, nach einer Reise – und hoffentlich auch einmal am Ende des Lebens.

*Evangelium: Joh 14,1–3*

Euer Herz lasse sich nicht verwirren. Glaubt an Gott, und glaubt an mich! Im Hause meines Vaters gibt es viele Wohnungen. Wenn es nicht so wäre, hätte ich euch dann gesagt: Ich gehe, um einen Platz für euch vorzubereiten? Wenn ich gegangen bin und einen Platz für euch vorbereitet habe, komme ich wieder und werde euch zu mir holen, damit auch ihr seid, wo ich bin.

# 8. Jesus im Spiegel der vier Evangelien

*Einleitung*

Auf vielen Kanzeln sind die vier Evangelisten mit ihren Symbolen dargestellt: Matthäus mit dem Menschen, Markus mit dem Löwen, Lukas mit dem Stier und Johannes mit dem Adler. Darüber steht Jesus, der durch die vier Evangelisten seine Botschaft ausrichtet. Auch auf so manchen Monstranzen sind die vier Evangelisten zu sehen. Sie umrahmen die Hostie in der Mitte. Was will das anderes bedeuten als: Keiner kann ihn ganz erfassen. Jeder kann nur einen besonderen Zug von ihm beleuchten und begreifen. Wir tragen heute Jesus in der Gestalt des Brotes durch unsere Straßen und hören nach alter Sitte an jedem Altar einen anderen Evangelisten. Ihre Geschichten und Bilder sind stammelnde Versuche, wenigstens einen besonderen Zug an Jesus anderen verständlich zu machen. Erahnen, was dieses Stückchen Brot in der Monstranz, von dem die vier Evangelisten sprechen, wirklich bedeuten will, kann nur der, der niederkniet.

## 1. Altar: Matthäus – Jesus als Lehrer

Eines unserer bekanntesten Sakramentslieder heißt: »Deinem Heiland, deinem Lehrer«. Dieser Titel »Lehrer« ist es, den der Evangelist Matthäus Jesus vor allem zuweist. Ihn haben vor allem die Reden und Lehren von Jesus beeindruckt. Obwohl dieser Matthäus selbst ein gebildeter, schriftgelehrter Mann ist, weiß er: Vor diesem Jesus werde ich immer ein Schüler bleiben.

*Gebet vor der Schriftlesung: GL 19,5*

*Evangelium: Einer ist euer Lehrer (Mt 23,8–10)*

Ihr sollt euch nicht Rabbi nennen lassen; denn nur einer ist euer Meister, ihr alle aber seid Brüder. Auch sollt ihr niemand auf Erden euren Vater nennen; denn nur einer ist euer Vater: der im Himmel. Auch sollt ihr euch nicht Lehrer nennen lassen; denn nur einer ist euer Lehrer: Christus.

*Gebet nach der Schriftlesung: GL 19,6*

## 2. Altar: Lukas – Jesus, der Heiland

»Das ist der liebe Heiland«, heißt es oft, wenn Kinder fragen, wer am Kreuz hängt. Und von Kindheit an hat sich dieses Bild in uns eingeprägt: der gütige, milde, barmherzige Jesus. Dieses Bild des »Heilandes« verdanken wir vor allem dem Evangelisten Lukas, der nicht müde wird, von der Menschlichkeit Jesu, von seiner Güte, seiner Barmherzigkeit zu den Menschen zu erzählen. Schon am Anfang seines Evangeliums, bei der Geburt, wird als Programmsatz den Hirten auf dem Feld verkündet: Euch ist der Heiland geboren, der Retter.

*Evangelium: Lk 2,8–11*

In jener Gegend lagerten Hirten auf freiem Feld und hielten Nachtwache bei ihrer Herde. Da trat der Engel des Herrn zu ihnen, und der Glanz des Herrn umstrahlte sie. Sie fürchteten sich sehr, der Engel aber sagte zu ihnen: Fürchtet euch nicht, denn ich verkündige euch eine große Freude, die dem ganzen Volk zuteil werden soll: Heute ist euch in der Stadt Davids der Retter geboren; er ist der Messias, der Herr.

## 3. Altar: Markus – Jesus, der Gekreuzigte

Markus war der erste, der ein Evangelium schrieb. Thema Nummer 1 in seinem Evangelium ist das Kreuz. Von Anfang seines Evangeliums an schildert Markus, wie Jesus bewußt aufs Kreuz zugeht. Man nennt sein Evangelium deshalb auch eine »Passion mit verlängerter Einleitung«. Es ist sein erklärtes Hauptanliegen, den Christen seiner Gemeinde klarzumachen: Ihr folgt einem *Gekreuzigten* nach, und das hat Konsequenzen für euer Leben!

*Evangelium: Mk 8,31–34*

Dann begann er sie darüber zu belehren, der Menschensohn müsse vieles erleiden und von den Ältesten, den Hohenpriestern und den Schriftgelehrten verworfen werden; er werde getötet, aber nach drei Tagen werde er auferstehen. Und er redete ganz offen darüber. Da nahm ihn Petrus beiseite und machte ihm Vorwürfe. Jesus wandte sich um, sah seine Jünger an und wies Petrus mit den Worten zurecht: Weg mit dir, Satan, geh mir aus den Augen! Denn du hast nicht das im Sinn, was Gott will, sondern was die Menschen wollen. Er rief die Volksmenge und seine Jünger zu sich und sagte: Wer mein Jünger sein will, der verleugne sich selbst, nehme sein Kreuz auf sich und folge mir nach.

*Gebet*

Du, mein gekreuzigter Herr, ich danke dir, daß du mir nicht nur als strahlender Held begegnest, sondern als einer, der die Tiefen des menschlichen Lebens durchlebt und bestanden hat.
Mein gekreuzigter Herr, dich bitte ich, sei bei mir, wenn Kreuz und Leid über mich im Leben kommen, steh mir bei und laß mich deinen Trost erfahren.

## 4. Altar: Johannes – Jesus, das Licht der Welt

Johannes macht mit seinem Evangeliumsentwurf einen ganz anderen Versuch. Er liebt die Symbole. Jesus, die Tür, das Wasser, das Brot, der Weg – und sein Lieblingssymbol war: Jesus, das Licht der Welt. Mit diesem Symbol wird Jesus gleich auf der ersten Seite seines Evangeliums vorgestellt. Und Johannes möchte seinen Hörern nahebringen: Auch in die Dunkelheiten deines Lebens kann er dir Licht bringen.

*Evangelium: Joh 1,1–9*

Im Anfang war das Wort, und das Wort war bei Gott, und das Wort war Gott. Im Anfang war es bei Gott. Alles ist durch das Wort geworden, und ohne das Wort wurde nichts, was geworden ist. In ihm war das Leben, und das Leben war das Licht der Menschen. Und das Licht leuchtet in der Finsternis, und die Finsternis hat es nicht erfaßt. Es trat ein Mensch auf, der von Gott gesandt war; sein Name war Johannes. Er kam als Zeuge, um Zeugnis abzulegen für das Licht, damit alle durch ihn zum Glauben kommen. Er war nicht selbst das Licht, er sollte nur Zeugnis ablegen für das Licht. Das wahre Licht, das jeden Menschen erleuchtet, kam in die Welt.

*Litanei*

V: Sei du unser Licht!
A: Sei du unser Licht!
Gott, du helles Licht ...
Wenn die Nacht hereinbricht ...
In der Nacht des Todes ...
In der Nacht der Schuld ...
In der Nacht des Hasses ...
In der Nacht des Schmerzes ...
In der Nacht der Verzweiflung ...
In der Nacht der enttäuschten Liebe ...
In der Nacht der zerbrochenen Beziehung ...
In der Nacht des Glaubens ...
In der Nacht der Einsamkeit ...
In der Nacht der Sinnlosigkeit ...
In jeder Nacht ...

# 9. Gottesdienst als Besuch

*Lied zum Beginn: Komm her, freu dich mit uns (GL 519,1–3)*

## 1. Station (vor der Kirche): Empfang – Begrüßung

V: Im Namen des Vaters ...
V: Der Herr sei mit euch! – A: Und mit deinem Geiste!
So sind wir's gewohnt. So beginnen wir immer den Gottesdienst: »Der Herr sei mit euch!«. Automatisch kommt die Antwort: »Und mit deinem Geiste!«
Wer ist sich schon bewußt, daß wir zu Beginn unserer Gottesdienste eine streng ritualisierte Begrüßungszeremonie vollziehen? Der Priester öffnet die Arme. Er spricht an die vor ihm Stehenden einen Wunsch aus und erhält eine Antwort zurück. Dieses Ritual ist uns in Fleisch und Blut übergegangen. Die Bedeutung dieser alten Worte liegt uns schon ferner. »Der Herr sei mit euch!« – das heißt doch: Ich wünsche, daß der Herr, an den wir glauben, für dich in dieser Feier lebendig wird, daß dich seine Gesinnung ergreift und du dich von seinen Worten führen läßt. Und wenn die Gemeinde antwortet: »Und mit deinem Geiste!« – dann wünscht die Gemeinde dem Vorsteher des Gottesdienstes ganz genau das gleiche.
Am Anfang des Gottesdienstes eine streng ritualisierte Begrüßungsgeste. Vielleicht wird sie als hohl empfunden, weil ich kaum den Pfarrer kenne, geschweige denn jene, die in meiner Nähe stehen. Deshalb wollen wir uns vor unserer heutigen Prozession bewußt gegenseitig wahrnehmen: Wer steht rechts und links, vor und hinter mir? Wen kenne ich, wer ist mir fremd? Und wir wollen uns in der Form begrüßen, wie wir's vom Alltag her gewohnt sind.

## Auf dem Weg

Die Prozession setzt sich in Bewegung, dabei »Geh mit uns« (Troubadour 489)

T: Norbert Weidinger; M: Ludger Edelkötter. Aus: Wir sind Kinder dieser Erde (IMP 1045). Alle Rechte im IMPULSE-Musikverlag, 48317 Drensteinfurt

*Bedeutung des Grußes*

Jeder von uns weiß, wie gut es tut, gegrüßt zu werden. Das bedeutet: wahrgenommen zu werden, akzeptiert zu werden. Wenn Menschen nicht mehr grüßen können, muß sehr viel passiert sein. Jemanden grüßen heißt: Es ist gut, daß es dich gibt. Ein Gruß kann Kontakte knüpfen und Gespräche beginnen lassen. In Bayern grüßt man sich mit dem bekannten Gruß »Grüß Gott!« Wenn ich diesen Gruß ernst nehme, sagt er: Durch mich möge dich Gott grüßen!

Liedruf: Geh mit uns

*Litanei*

Menschen haben sich zusammengefunden, um sich zu ihrem Glauben zu bekennen, um deine Nähe zu spüren und zu feiern. Wir beten füreinander; denn wir wissen: Alle brauchen dich.
Wir sehen die Kinder vor uns und rufen: Sei ihnen nah!
A: Sei ihnen nah!
Wir sehen die Kinder vor uns, die auf den Armen ihrer Mütter getragen werden ...
Wir sehen die Kommunionkinder vor uns ...
Wir sehen die Alten vor uns, die gestützt auf einen Stock nur noch mühsam mitgehen können ...
Wir sehen Jugendliche, auf die unsere Gemeinden ihre Hoffnung setzen ...
Wir sehen Arbeitskollegen und Arbeitskolleginnen, Mitschüler und Mitschülerinnen ...
Wir sehen Vorgesetzte und Mitarbeiter ...

Liedruf: Geh mit uns

Wir sehen Personen, die in unserer Stadt große Verantwortung tragen und im Rampenlicht der Öffentlichkeit stehen, und rufen: Sei ihnen nah!
A: Sei ihnen nah!
Wir sehen Pfarrer und Kapläne, Diakone und Pastoralreferenten, Gemeindereferenten, Katecheten und Ordensleute ...
Wir sehen Ministrantinnen und Ministranten ...
Wir sehen Einheimische und Fremde, Ausländer und Deutsche ...
Wir sehen Zünfte, Vereine und Landsmannschaften N.N. mit ihren Fahnen und Abordnungen ...

Liedruf: Geh mit uns

In diesem Zug gehen mit: Menschen, die Sorgen haben. Wir rufen: Sei ihnen nah!
A: Sei ihnen nah!
In diesem Zug gehen mit: Menschen, die vor Arbeit nicht mehr ein noch aus wissen ...
In diesem Zug gehen mit: Menschen, die keine Arbeit haben ...
In diesem Zug gehen mit: Menschen, die große Pläne schmieden ...
In diesem Zug gehen mit: Menschen, die keine Perspektive mehr sehen ...
In diesem Zug gehen mit: Menschen, die zuversichtlich sind ...
In diesem Zug gehen mit: Menschen, die resigniert haben ...
In diesem Zug gehen mit: Menschen, die Erfolg im Leben hatten ...
In diesem Zug gehen mit: Menschen, die viele Rückschläge hinnehmen mußten ...
In diesem Zug gehen mit: Menschen, die Krisen durchmachen ...
In diesem Zug gehen mit: Menschen, die einen Neuaufbruch erleben ...

Liedruf: Geh mit uns

In diesem Zug gehen mit: Gläubige aus der Pfarrei ... (die Namen der verschiedenen Pfarreien einzeln nennen). Wir rufen: Sei ihnen nah!
A: Sei ihnen nah!

*Gebet*

Gott,
gib einem jeden etwas von deinem guten Geist,
damit wir dich und uns selbst und einander besser verstehen
und vorankommen auf dem Weg,
auf den du uns miteinander gestellt hast.

*Worte aus Begrüßungsgeschichten*

Vom Heiligen Geist war ihm offenbart worden, er werde den Tod nicht schauen, ehe er den Messias des Herrn gesehen habe. Jetzt wurde er vom Geist in den Tempel geführt; und als die Eltern Jesus hereinbrachten, um zu erfüllen, was nach dem Gesetz üblich war, nahm Simeon das Kind in seine Arme und pries Gott ... (Lk 2,26–28).
Als Elisabeth den Gruß Marias hörte, bewegte sich das Kind in ihrem Leib (Lk 1,41).

Am Abend dieses ersten Tages der Woche, als die Jünger aus Furcht vor den Juden die Türen verschlossen hatten, kam Jesus, trat in ihre Mitte und sagte zu ihnen: Friede sei mit euch! (Joh 20,19).

Paulus und Timotheus, Knechte Christi Jesu, an alle Heiligen in Christus Jesus, die in Philippi sind, mit ihren Bischöfen und Diakonen. Gnade sei mit euch und Friede von Gott, unserem Vater, und dem Herrn Jesus Christus (Phil 1,1–2).

Der Herr erschien dem Abraham bei den Eichen von Mamre. Abraham saß zur Zeit der Mittagshitze am Zelteingang. Er blickte auf und sah vor sich drei Männer stehen. Als er sie sah, lief er ihnen vom Zelteingang aus entgegen, warf sich zur Erde nieder und sagte: Mein Herr, wenn ich dein Wohlwollen gefunden habe, geh doch an deinem Knecht nicht vorbei! (Gen 18,1–3).

*Gebet (Meßbuch 306, Nr. 4)*
Heiliger Gott.
Du bist unsagbar größer
als wir Menschen begreifen,
du wohnst im unzugänglichen Licht,
und doch bist du uns nahe.
Gib, daß wir heute in Ehrfurcht vor dir stehen
und froh werden in deiner Nähe.

## 2. Station: Miteinander Sprechen – Wortgottesdienst

Am Anfang des Gottesdienstes steht eine Begrüßungsgeste. Wer den weiteren Ablauf des Gottesdienstes bedenkt, merkt schnell: Der Gottesdienst hat viel mit einem Besuch gemeinsam. Menschen treffen sich an einem bestimmten Ort. Vieles verbindet sie miteinander. Sie begrüßen sich, heißen sich willkommen und zeigen sich oft ohne Worte: Schön, daß du da bist.
Und die Parallelen gehen noch weiter. Bei einem Besuch setzt man sich nach der Begrüßung hin. Man erzählt, wie's einem geht, was es Neues gibt. Man tauscht Erinnerungen aus.
Wären wir in einer Kirche, würden wir uns an dieser Stelle des Gottesdienstes setzen. Denn wir hören jetzt wieder die Worte eines biblischen Schriftstellers. Er teilt uns mit, was ihm wichtig ist, welche Erfahrung mit Gott er gemacht hat. Ich höre zu und mache mir meine Gedanken.

*Lesung: Dtn 30,11–14*

Dieses Gebot, auf das ich dich heute verpflichte, geht nicht über deine Kraft und ist nicht fern von dir. Es ist nicht im Himmel, so daß du sagen müßtest: Wer steigt für uns in den Himmel hinauf, holt es herunter und verkündet es uns, damit wir es halten können? Es ist auch nicht jenseits des Meeres, so daß du sagen müßtest: Wer fährt für uns über das Meer, holt es herüber und verkündet es uns, damit wir es halten können? Nein, das Wort ist ganz nah bei dir, es ist in deinem Mund und in deinem Herzen, du kannst es halten.

*Zwischengesang: GL 614,3.*

*Gebet vor dem Evangelium: Betaste das Wort*

Einmal am Tag
nimm ein Wort in deine Hände,
ein Wort der Schrift.

Sei vorsichtig,
es ist so schnell erdrückt und umgeformt,
damit es paßt.

Versuch nicht hastig,
es zu »melken«, zu erpressen,
damit es Frömmigkeit absondert.

Sei einfach einmal still.
Das Schweigen, Hören, Staunen
ist bereits Gebet und Anfang
aller Wissenschaft und Liebe.

Betaste das Wort von allen Seiten,
dann halte es in die Sonne,
und lege es an das Ohr wie eine Muschel.

Stecke es für einen Tag
wie einen Schlüssel in die Tasche,
wie einen Schlüssel zu dir selbst.

*Evangelium: Mt 7,24–27*

Wer diese meine Worte hört und danach handelt, ist wie ein kluger Mann, der sein Haus auf Fels baute. Als nun ein Wolkenbruch kam und die Wassermassen heranfluteten, als die Stürme tobten und an dem Haus rüttelten, da stürzte es nicht ein; denn es war auf Fels gebaut. Wer aber meine Worte hört und nicht danach handelt, ist wie ein unvernünftiger Mann, der sein Haus auf Sand baute. Als nun ein Wolkenbruch kam und die Wassermassen heranfluteten, als die Stürme tobten und an dem Haus rüttelten, da stürzte es ein und wurde völlig zerstört.

- Orgelmusik -

*Überleitung zur Prozession*

In der Bibel sind uns uralte Worte bewahrt, die zum Leben helfen wollen. Seit Jahrtausenden werden diese Worte überliefert, von einer Generation an die andere weitergegeben; von den Mönchen Buchstabe für Buchstabe in Zierschrift abgeschrieben; heute millionenfach in unterschiedlichen Sprachen und Übersetzungen gedruckt.

Es ist ein Zeichen der Wertschätzung, wenn wir in feierlichen Gottesdiensten die Bibel zwischen Kerzen zum Ambo geleiten und das Evangeliar symbolisch küssen. Heute wollen wir der Bibel in unserer Prozession den besten Platz geben: unter dem Himmel. Denn sie ist uns ein Schatz von Lebens- und Gotteserfahrung.

Diakon trägt statt der Monstranz das Evangelienbuch unter dem Himmel.

## Auf dem Weg

Wer kann heute noch wirklich zuhören?
Wir haben den ganzen Tag die Ohren voll.
Im Hintergrund spielt das Radio.
Den Tag über Motoren und Lärm am Arbeitsplatz.
Am Abend unterhält der Fernseher.
Wir hören ständig tausend Geräusche – und hören doch nicht hin.
Gott, hilf mir, wieder das Hören zu lernen,
das Hören auf die Worte von anderen Menschen
und das Hören auf dein Wort.

*Schrifttexte: Was das Wort Gottes alles kann*

KV: Dein Wort, o Herr, geleitet uns auf allen unseren Wegen (GL 508)

(L 1) Das Wort Gottes kann *trösten*

(L 2) Kommt alle zu mir, die ihr euch plagt und unter Lasten stöhnt! Ich werde euch Ruhe verschaffen (Mt 11,28).
(L 2 ) Der Herr ist mein Hirte, nichts wird mir fehlen. Er läßt mich lagern auf grünen Auen und führt mich zum Ruheplatz am Wasser. Er stillt mein Verlangen; er leitet mich auf rechten Pfaden, treu seinem Namen. Muß ich auch wandern in finsterer Schlucht, ich fürchte kein Unheil; denn du bist bei mir, dein Stock und dein Stab geben mir Zuversicht (Ps 23,1–4).

KV: Dein Wort, o Herr, geleitet uns auf allen unseren Wegen (GL 508)

(L 1) Das Wort Gottes kann *anfeuern*
(L 2) So soll euer Licht vor den Menschen leuchten, damit sie eure guten Werke sehen und euren Vater im Himmel preisen (Mt 5,16).
(L 2) Seid barmherzig, wie es auch euer Vater ist (Lk 6,36).

KV: Dein Wort, o Herr, geleitet uns auf allen unseren Wegen (GL 508)

(L 1) Das Wort Gottes kann *beruhigen*
(L 2) Meine Kinder, wir wollen nicht mit Wort und Zunge lieben, sondern in Tat und Wahrheit. Daran werden wir erkennen, daß wir aus der Wahrheit sind, und werden unser Herz in seiner Gegenwart beruhigen. Denn wenn das Herz uns auch verurteilt – Gott ist größer als unser Herz, und er weiß alles (1 Joh 3,18–20).
(L 2) Euch aber, meinen Freunden, sage ich: Fürchtet euch nicht vor denen, die den Leib töten, euch aber sonst nichts tun können. Verkauft man nicht fünf Spatzen für ein paar Pfennig? Und doch vergißt Gott nicht einen von ihnen. Bei euch aber sind sogar die Haare auf dem Kopf alle gezählt. Fürchtet euch nicht! Ihr seid mehr wert als viele Spatzen (Lk 12,4.6.7).

KV: Dein Wort, o Herr, geleitet uns auf allen unseren Wegen (GL 508)

(L 1) Das Wort Gottes kann *in Frage stellen*
(L 2) Keiner von euch kann mein Jünger sein, der nicht auf seinen ganzen Besitz verzichtet (Lk 14,33).
(L 2) Begreift und versteht ihr immer noch nicht? Ist denn euer Herz verstockt? Habt ihr denn keine Augen, um zu sehen, und keine Ohren, um zu hören (Mk 8,17–18).

KV: Dein Wort, o Herr, geleitet uns auf allen unseren Wegen (GL 508)

(L 1) Das Wort Gottes kann *beunruhigen*
(L 2) Gott vollbringt mit seinem Arm machtvolle Taten: er zerstreut, die im Herzen voll Hochmut sind; er stürzt die Mächtigen vom Thron und erhöht die Niedrigen. Die Hungernden beschenkt er mit seinen Gaben und läßt die Reichen leer ausgehen (Lk 1,51–53).
(L 2) Sammelt euch nicht Schätze hier auf der Erde, wo Motte und Wurm sie zerstören und wo Diebe einbrechen und sie stehlen, sondern sammelt euch Schätze im Himmel, wo weder Motte noch Wurm sie zerstören und keine Diebe einbrechen und sie stehlen. Denn wo dein Schatz ist, da ist auch dein Herz (Mt 6,19–21).

KV: Dein Wort, o Herr, geleitet uns auf allen unseren Wegen (GL 508)

(L 1) Das Wort Gottes kann *auffordern*
(L 2) Wer Ohren hat zum Hören, der höre (Mk 4,9)!
(L 2) Liebt eure Feinde, tut Gutes denen, die euch hassen. Segnet die, die euch verfluchen. Betet für die, die euch mißhandeln (Lk 6,27–28).

KV: Dein Wort, o Herr, geleitet uns auf allen unseren Wegen (GL 508)

(L 1) Das Wort Gottes kann *einen Spiegel vorhalten*
(L 2) Wenn du Almosen gibst, laß es also nicht vor dir herposaunen, wie es die Heuchler in den Synagogen und auf den Gassen tun, um von den Leuten gelobt zu werden. Amen, das sage ich euch: Sie haben ihren Lohn bereits erhalten. Wenn du Almosen gibst, soll deine linke Hand nicht wissen, was deine rechte tut (Mt 6,2–3).

*Dem Wort Gottes zustimmen – Credo*

Das Wort Gottes kann bei mir ankommen oder an mir vorbeigehen. Ich kann mich von ihm treffen oder es an mir vorbeirauschen lassen. Es kann mir fremd vorkommen. Oder ich kann den Eindruck haben, es wäre für mich geschrieben. In jedem Gottesdienst lädt mich das Credo ein, zum Wort Gottes mein »Amen« zu sprechen.

*Credolied: Amen, ich glaube (GL 448)*

*Fürbitten*

Herr, unser Gott, die Pfarreien der Stadt ... (Namen der einzelnen Pfarreien nennen) haben sich heute zusammengefunden, um in der Öffentlichkeit ihren Glauben an dich zu bekennen. Wir bitten dich:

- (PGR-Vorsitzender) In unseren Pfarreien versuchen Familien, Gremien und Gruppen, Priester, pastorale Kräfte und ehrenamtlich Engagierte Wege zu finden, die Menschen von heute eine Hilfe sind, den Glauben an dich zu feiern, zu vertiefen oder zu ermöglichen. Begleite dieses Bemühen mit deinem Segen ...
- (Liturgieausschuß-Vorsitzender) In unseren Pfarreien treffen sich Woche für Woche Menschen zum sonntäglichen Gottesdienst, die ganz verschieden sind im Charakter, im Alter, im Beruf, in ihrer Herkunft, in ihren Einstellungen und Begabungen. Fördere durch diese Stunde Gottesdienst die Toleranz und die Achtung voreinander und laß uns bewußt werden, daß der gemeinsame Glaube an dich uns miteinander verbindet ...
- (VertreterIn vom Sachausschuß Soziales) In unseren Pfarreien prägen wir ein Bild von Kirche nach außen hin. Schenke uns die Kraft, daß wir die Werte und das Beispiel Jesu ernst nehmen und von seinem Charme, seinem Umgangsstil, seinem Glauben und seinem Einsatz für die Menschen Zeugnis geben können ...
- (Jugendlicher) In unseren Pfarreien engagieren sich Kinder, Jugendliche, erwachsene Männer und Frauen und alte Menschen für ein lebendiges Gemeindeleben. Laß sie bei ihrem Dienst erfahren, daß ihnen der Einsatz Freude macht und nicht ins Leere geht ...
- (VertreterIn einer Beratungsstelle) In unseren Pfarreien leben Menschen, die »Wüste« durchmachen müssen: die Wüste einer seelischen oder körperlichen Krankheit, die Wüste zerbrochener Pläne und Beziehungen, die Wüste von Einsamkeit und Depression, die Wüste von Arbeits- und Sinnlosigkeit. Laß sie den Glauben nicht verlieren, daß du in den Wüsten Leben ermöglichen kannst ...
- (VertreterIn des Sachausschusses Ehe und Familie) In unseren Pfarreien wird oft still und unbemerkt im Bereich der Familien- und Nachbarschaftshilfe viel Gutes getan. Laß uns den Wert eines Dienstes am Menschen, bei dem es nichts zu verdienen gibt, nie vergessen ...
- (VertreterIn vom Besuchsdienst für Neuzugezogene) In unseren Pfarreien wohnen Menschen, die neu zugezogen sind und darauf hoffen, daß sie in unserer Stadt eine neue Heimat finden. Laß sie bei uns Begegnungen und Erfahrungen machen, die ihnen das Einleben erleichtern ...

- (Ein Pfarrer) In unseren Pfarreien wohnen Menschen, die aus Enttäuschung unserer Kirche den Rücken gekehrt haben. Laß sie gegenüber einer fehlerhaften Kirche fair bleiben können und das Gute, das in ihr steckt und das sie tut, nicht übersehen ...
- (VertreterIn des Seniorenkreises) Wir beten für die Toten unserer Gemeinden, die an dich geglaubt haben und in der Hoffnung gestorben sind, daß sie bei dir das große Ziel ihres Lebens finden. Schenke ihnen dein Erbarmen, deinen Frieden, dein Glück ...

## 3. Station: Miteinander essen – Eucharistiefeier

Hat man sich begrüßt und genügend ausgetauscht, sind die Neuigkeiten erzählt, ist mitgeteilt, was einen bewegt, ist nachgefragt, was einen interessiert, dann geht der Gastgeber in die Küche und richtet den Kaffee oder eine kleine Mahlzeit.
Die katholische Eucharistiefeier folgt auch in diesem Punkt dem Grundmuster eines Besuchs. Bei der Gabenbereitung richten wir den Tisch. Wir bringen die Gaben: Brot und Wein.
Bei einem Besuch sind es immer vertraute Menschen, mit denen wir am Tisch sitzen. Es verbinden uns mit ihnen die Lebensgeschichten, gemeinsame Erlebnisse, gegenseitige Sympathie. Tischgemeinschaft ist immer etwas Intimes. Der alte Ausdruck »Gemahl« und »Gemahlin« für die Ehegatten leitet sich vom gemeinsamen Mahl ab.
Bei unserer Eucharistiefeier gehen nicht nur bekannte Gesichter mit uns an den gleichen Tisch. Oft kennen wir uns nicht einmal vom Sehen her. Ihre Lebensgeschichten sind uns fremd. Aber eines ist uns allen gemeinsam: Wir feiern Jesus als unseren Compagnon, als den, der, wie das Wort sagt, mit uns das Brot teilt.

*Gesang zur Gabenbereitung: Herr, wir bringen in Brot und Wein unsere Welt zu dir (GL 534)*
dazwischen die Gebete über Brot und Wein

*Während der Kommunionausteilung*
Wenn der Schnee ans Fenster fällt,
lang die Abendglocke läutet,
vielen ist der Tisch bereitet
und das Haus ist wohlbestellt.

Mancher auf der Wanderschaft
kommt ans Tor auf dunklen Pfaden.
Golden blüht der Baum der Gnaden
aus der Erde kühlem Saft.

Wanderer, tritt still herein;
Schmerz versteinerte die Schwelle,
da erglänzt in reiner Helle
auf dem Tische Brot und Wein.

(G. Trakl)

## Auf dem Weg

Texte zwischen den einzelnen Liedstrophen – Liedvorschlag: Aus vielen Körnern (GL 634,4–6)

*Brottext 1*

Immer wieder decken wir den Tisch
an dem man
die Lichter entzündet der Hoffnung
und das Buch aufschlägt
mit der Botschaft des Lebens

Immer wieder den Tisch
an dem man
das weiße Brot bricht und teilt
in gleiche Teile und ißt
an dem man
den roten Wein trinkt
miteinander

Immer wieder den Tisch
an dem man
erinnert was damals geschah
und das Kommende einübt
schon heute und hier

Geheimnis des Glaubens
Gastmahl des Friedens
der Herr ist bei uns

*Brottext 2*

Ein Stück Brot
in meiner Hand
mir gegeben

daß ich lebe
daß ich liebe
daß ich Speise bin
für die andern

Ein Schluck Wein
in meinem Mund
mir gegeben

daß ich lebe
daß ich liebe
daß ich Trank bin
für die andern

*Brottext 3*

Wir wollen heut ein Mahl feiern
miteinander
und jeder
soll an Jesu Tod und
Auferstehung denken

Wir wollen dann sein Brot teilen
miteinander
und jeder
soll ein Stück empfangen
und davon essen

Wir wollen selber Brot werden
füreinander
und jeder
soll sich eine Scheibe
abschneiden können

## 4. Station (vor der Kirche): Abschied – Entlassung

Jeder Besuch geht zu Ende. Man tauscht gute Wünsche aus, verspricht, aneinander zu denken, und reicht sich die Hand.
Auch jeder Gottesdienst geht mit guten Wünschen zu Ende. Die guten Wünsche werden in der Form des Segens ausgesprochen: der Wunsch, daß Gott es mit dem andern gut meint, seine Hände schützend über ihn hält und daß er ihm die Kraft gibt, selbst ein Segen für andere zu sein.

*Aaronitischer Segen*
(Meßbuch: Feierliche Schlußsegen – Im Jahreskreis I, Seite 548)

*Entlassungsgruß*

# 10. Was mir heilig ist

*Vorbemerkung*

An den einzelnen Altären stellen vier verschiedene Gruppen vor, was ihnen »heilig« ist. Jeder Sprecher trägt einen Gegenstand, beschreibt ihn kurz, erzählt seine Geschichte und sagt, warum er ihm »heilig« ist. Das kann nach folgendem Schema geschehen: »Ich habe ... mitgebracht. Diese(s) ... ist mir heilig, weil ... mich an ... erinnert/mir ... bedeutet.«
Die vier verschiedenen Generationen beten jeweils füreinander an den einzelnen Altären. Das muß entsprechend angesagt werden.
Diese Prozession lebt davon, daß einzelne Gemeindemitglieder *Persönliches* erzählen. Am besten wird es sein, ausgewählte Personen sich in den unten genannten Gruppen treffen zu lassen und mit ihnen zu besprechen, was ihnen »heilig« ist und wie sie ihr »Heiligtum« während der Prozession vorstellen können.
Die Einleitungen zu den einzelnen Stationen können gleichzeitig als Impuls für das Gruppengespräch genommen werden.

*Einleitung*

Wir tragen heute das »Allerheiligste« durch unsere Straßen. Schon in diesem Wort steckt die Vorstellung, daß die Monstranz mit dem kleinen weißen Stückchen Brot sozusagen den Gipfel dessen ausmacht, was heilig ist. Wenn einem das Allerheiligste vor Augen steht, dann braucht man nicht viele Worte zu machen. Gedanken an Jesus und das Abendmahl stellen sich von selbst ein. Wird das Allerheiligste unter Weihrauchwolken und Glockenklingeln vorbeigetragen, dann spüren viele etwas von dem unbegreiflichen Gott.
Neben diesem sakralen »Allerheiligsten« gibt es auch heilige Gegenstände des Alltags. Sie haben nur für einzelne oder eine Gruppe eine sprechende Bedeutung. Wer ihre Geschichte nicht kennt, wird nichts Besonderes in ihnen sehen.
Aber wen diese Gegenstände an eine ganz bestimmte Situation seines Lebens erinnern, an eine Situation, die für ihn sehr schwer oder sehr schön war und bei der er gespürt hat: Da hat mich Gott nicht allein gelassen, sondern er ist mir zur Seite gestanden, für den werden diese scheinbar alltäglichen Gegenstände heilig, d. h., sie lassen für ihn etwas von Gott hindurchschimmern.
Bei unserer Fronleichnamsprozession werden heute Vertreter aus den verschiedenen Generationen unserer Gemeinde mit ihren »heiligen« Dingen des Alltags vor dem Allerheiligsten laufen und an den einzelnen Altären die Geschichte ihrer »Heiligtümer« erzählen. Und wir werden schnell spüren: Diese persönlichen »Hei-

ligtümer« des Alltags können Brücken sein für das, was wir mit dem Allerheiligsten ausdrücken wollen: Gott ist in unserer Mitte.

## 1. Altar: Jugendliche

Anläßlich des 89. Deutschen Katholikentags gab es in Aachen eine Ausstellung mit dem Titel »Das ist mir heilig«. Jugendliche hatten in der Neuen Galerie ihre persönlichen Heiligtümer ausgestellt. Vom Teddybär bis zum Kreuz war alles zu finden: ein Poesiealbum, die erste Uhr, ein Briefbündel, ein Kletterseil, die Jeansjacke, ausgetretene Tennisschuhe, eine Querflöte, ein Haarschwanz, ein Kettchen. »Jugendlich« und »heilig« – das sind scheinbar Gegensätze. Oft wird jungen Menschen unterstellt, daß ihnen nichts mehr heilig sei und daß sie keine inneren Werte mehr hätten.
Dagegen hat die Ausstellung in Aachen gezeigt: Bei Jugendlichen ist durchaus noch ein natürliches Empfinden für etwas da, was ihnen über den Augenblick hinaus wertvoll ist, was sie bewahren, womit sie bestimmte Erinnerungen verbinden, wozu sie sagen: Das ist mir heilig.
Nun gut, mögen Sie einwenden, aber das sind doch ganz banale Gegenstände. Aber, frage ich zurück, sind nicht auch die großen Heiligtümer an unseren Wallfahrtsorten oft ganz einfache Dinge: eine bäuerliche Schnitzarbeit, Stoffstücke aus Alltagskleidern. Entscheidend ist oft nur, daß mit einfachen Dingen eine persönliche Geschichte verbunden ist und daß sie weitererzählt wird.
Das wollen auch heute einige Jugendliche aus unserer Gemeinde tun, Dinge vorstellen, mit denen sie eine persönliche Geschichte verbindet und die ihnen deshalb wertvoll und »heilig« sind.

Jugendliche stellen ihre persönlichen Heiligtümer vor.

*Evangelium: Der junge Mann und Jesus (Mk 10,17–23)*

(Junge Menschen sind Suchende. Es ist oft zu bewundern, welche hohen Ideale sie erstreben. Im Markusevangelium wird die Begegnung zwischen Jesus und einem jungen Mann erzählt, der aufs Ganze gehen will. Es ist ernüchternd, wie Jesus darauf reagiert. Er spricht ihn auf einen ganz konkreten Punkt in seiner Lebenssituation an. )

Als sich Jesus wieder auf den Weg machte, lief ein Mann auf ihn zu, fiel vor ihm auf die Knie und fragte ihn: Guter Meister, was muß ich tun, um das ewige Leben zu gewinnen? Jesus antwortete: Warum nennst du mich gut? Niemand ist gut außer Gott, dem Einen. Du kennst doch die Gebote: Du sollst nicht töten, du sollst nicht die Ehe brechen, du sollst nicht stehlen, du sollst nicht falsch aussagen, du sollst keinen Raub begehen; ehre deinen Vater und deine Mutter! Er erwiderte ihm: Meister, alle diese Gebote habe ich von Jugend an befolgt. Da sah ihn Jesus an, und weil er ihn liebte, sagte er: Eines fehlt dir noch: Geh, verkauf, was du hast, gib das Geld den Armen, und du wirst einen bleibenden Schatz im Himmel haben; dann komm und folge mir nach! Der Mann aber war betrübt, als er das hörte, und ging traurig weg; denn er hatte ein großes Vermögen. Da sah Jesus seine Jünger an und sagte zu ihnen: Wie schwer ist es für Menschen, die viel besitzen, in das Reich Gottes zu kommen!

*Gebet der Alten für die Jugendlichen*

Gott,
wir älteren Menschen beten für die Jugendlichen in unserer Gemeinde.
Sie denken ganz anders als wir.
Sie sind in einer anderen Zeit groß geworden.
Sie sind anderen Einflüssen ausgesetzt.
Sie haben mehr Möglichkeiten,
aber sie müssen schon als junge Menschen sich dauernd entscheiden.
Ihr Leben ist kompliziert geworden.
Auf dem verwirrenden Markt der Möglichkeiten müssen sie versuchen, für ihr Leben Geleise zu legen.
Sie fragen sich: Für welche Ideale, für welche Werte lohnt es sich wirklich, sich einzusetzen?
Welche Ideale und Werte können ein Leben tragen?
Gott,
schenke ihnen verständnisvolle Gesprächspartner
und glaubhafte Vorbilder, an denen sie sich orientieren können.
Gott, hilf uns, daß wir als alte Menschen
die jungen Leute nicht nur über unseren Kamm scheren,
sondern in der Art, wie sie ihr Leben zu bewältigen versuchen,
etwas entdecken,
was auch uns zum Nachdenken bringen kann.

## 2. Altar: Senioren

Wenn ich ältere Menschen besuche, dann fällt mir auf: Was da an den Wänden hängt, was im Schrank oder auf der Kommode steht, das hat alles mit den Menschen, die dort wohnen, zu tun. Das sind persönliche Heiligtümer – das Bild an der Wand, der Spruch an der Tür, die Porzellanfigur, die Vase. Oft haben diese Dinge schon mehrere Stationen durchlaufen, haben schon manches durchgestanden, sind auf der Flucht mitgenommen worden. Vieles ist schon ein wenig lädiert, manches kitschig, den eigentlichen Wert weiß nur derjenige, der mit diesen Dingen alt geworden ist.
Einige unserer Senioren erzählen jetzt die Geschichte von Gegenständen, die ihnen heilig sind.

Senioren stellen ihre persönlichen Heiligtümer vor, z. B. Bild vom heimatlichen Hof/Heimatdorf, Spruch, Weihwasserkessel, Rosenkranz, Wanduhr, Bild von einem Gefallenen, Bild vom verstorbenen Partner, Kommunionbild, Gesangbuch als Symbol für den Kirchgang usw.

*Evangelium: Die vierundachtzigjährige Prophetin Hanna (Lk 2,36f)*
(Im Alten Testament genießen die alten Väter und Mütter Ansehen und Hochachtung. Von den Patriarchen Israels, von Abraham, Isaak und Jakob wird erzählt, daß sie steinalt geworden und lebenssatt gestorben sind. Viele volkstümliche Sprichwörter im Alten Testament bezeugen die hohe Achtung und die Ehrfurcht vor der Weisheit der Alten. Im Neuen Testament dagegen tun wir uns bei der Suche nach alten Menschen erheblich schwerer. Es sind eigentlich nur zwei Figuren, von denen im Neuen Testament ausdrücklich erzählt wird, daß sie alt sind: ein alter Mann namens Simeon und eine alte Witwe namens Hanna. Von ihr erfahren wir auch, was ihr heilig geworden ist.)

Damals lebte auch eine Prophetin namens Hanna, eine Tochter Penuëls, aus dem Stamme Ascher. Sie war schon hochbetagt. Als junges Mädchen hatte sie geheiratet und sieben Jahre mit ihrem Mann gelebt, nun war sie eine Witwe von vierundachtzig Jahren. Sie hielt sich ständig im Tempel auf und diente Gott Tag und Nacht mit Fasten und Beten.

*Gebet der Jugendlichen für die Alten*

Gott,
wir können uns schlecht hineindenken in die alten Menschen.
Wir wissen noch nicht, was es heißt: körperlich gebrechlich zu werden, nicht mehr tun zu können, was man will.
Vieles, was unsere Großeltern uns von früher erzählen,
klingt für uns wie ein Märchen.
Wir wissen nicht, was »Krieg« heißt.
Wir wissen nicht, was »hungern« heißt.
Wir können verstehen, daß sie sich mit unserer Zeit oft schwertun.
Wir bitten dich,
daß sie nicht nur ihre eigene Vergangenheit im Kopf haben,
daß sie nicht nur um sich selber kreisen.
Schenke du ihnen Kraft, daß sie in Geduld sich selbst aushalten können.
Schenke ihnen gesunden Stolz auf das, was sie im Leben durchgestanden und geleistet haben.
Bewahre sie davor, griesgrämig zu werden und dauernd über andere bestimmen zu wollen.
Laß sie erleben, daß die Jungen und die Erwachsenen, die jetzt in der Blüte und der Kraft des Lebens stehen, sie achten,
und gib ihnen die Offenheit zu respektieren,
daß jede Generation den eigenen Weg suchen muß.

## 3. Altar: Eheleute – Partnerschaft

Bis heute beginnt für viele Menschen die Ehe mit einem feierlichen Akt in der Kirche: mit der kirchlichen Trauung. So manchen überläuft ein heiliger Schauer, wenn er vor dem Altar die Worte ausspricht: »Vor Gottes Angesicht nehme ich dich an als meine Frau, als meinen Mann.«
Nach dem Fest beginnt unweigerlich der graue Alltag, der tägliche Tageslauf, die Arbeit, die Kinder, die Sorgen, der Ärger. Aber mitten in diesem grauen Alltag gibt es auch Stunden, wo etwas von der Feierlichkeit des Anfangs aufblitzt, wo Ehepartner spüren: die Liebe zueinander ist etwas Großes und Heiliges.
Davon wollen uns einige Eheleute erzählen.

Eheleute stellen ihre persönlichen Heiligtümer vor, z. B. Geschenk vom Partner, bestimmter Tag, Ehering, Locke vom Kind, Bild von Kindern, getrockneter Brautstrauß, Hochzeitsbild ...

*Evangelium: Liebt einander wie ich euch geliebt habe (Joh 15,9–17)*
(Was schwingt alles mit, wenn man das Wort »Liebe« hört: Gefühl, Hoffnungen, Enttäuschungen, Romantik, Verantwortung, Gefühlsexplosionen. Eine besondere Note bekommt das Allerweltswort »Liebe« im Johannesevangelium. »In der Liebe bleiben« heißt da soviel wie: den Willen Jesu tun.)

Wie mich der Vater geliebt hat, so habe auch ich euch geliebt. Bleibt in meiner Liebe! Wenn ihr meine Gebote haltet, werdet ihr in meiner Liebe bleiben, so wie ich die Gebote meines Vaters gehalten habe und in seiner Liebe bleibe. Dies habe ich euch gesagt, damit meine Freude in euch ist und damit eure Freude vollkommen wird. Das ist mein Gebot: Liebt einander, so wie ich euch geliebt habe. Es gibt keine größere Liebe, als wenn einer sein Leben für seine Freunde hingibt. Ihr seid meine Freunde, wenn ihr tut, was ich euch auftrage. Ich nenne euch nicht mehr Knechte; denn der Knecht weiß nicht, was sein Herr tut. Vielmehr habe ich euch Freunde genannt, denn ich habe euch alles mitgeteilt, was ich von meinem Vater gehört habe. Nicht ihr habt mich erwählt, sondern ich habe euch erwählt und dazu bestimmt, daß ihr euch aufmacht und Frucht bringt und daß eure Frucht bleibt. Dann wird euch der Vater alles geben, um was ihr ihn in meinem Namen bittet. Dies trage ich euch auf: Liebet einander!

*Gebet der Kinder für die Eltern*
Lieber Gott,
wir danken dir für unsere Eltern,
daß sie für uns sorgen
und es gut mit uns meinen.
Wir danken dir,
daß sie mit uns spielen und sich Zeit für uns nehmen.
Lieber Gott,
gib, daß sich unsere Eltern gut vertragen
und stolz auf uns sein können.

## 4. Altar: Kinder (Grundschule)

Es ist ein beliebtes Spiel, sich vorzustellen: Ich fahre auf eine einsame Insel. Ich bin dort ganz allein. Ich darf nur drei Dinge mitnehmen. Ich muß mir also gut überlegen, welche Dinge mir so wichtig sind, daß ich ohne sie nicht auskommen kann. Es sind die Dinge, die mir ans Herz gewachsen sind, die mir heilig sind. Dieses Spiel haben unsere Kinder in einer Gruppenstunde durchgespielt. Sie erzählen uns jetzt von Dingen, die ihnen ans Herz gewachsen sind, die ihnen heilig sind.

Kinder stellen ihre persönlichen Heiligtümer vor, z. B. Teddybär, Knutschkissen, Bilderbuch, Anhänger

*Evangelium: Segnung der Kinder (Mt 19,13–15)*

(Zur Zeit Jesu waren es die Schriftgelehrten, die über Gott und das Himmelreich Auskunft geben konnten. Normale Leute waren da nicht gefragt, geschweige denn Kinder. Es ist typisch, daß Jesus ausgerechnet einfachen Leuten und Kindern im Blick auf das Himmelreich das meiste zutraut: Die beste Auskunft über das Himmelreich, meint Jesus, können Kinder geben, und zwar nicht durch Gelehrsamkeit, sondern durch die Art, wie sie sich verhalten: spontan, natürlich, ohne Hintergedanken.)

Da brachte man Kinder zu ihm, damit er ihnen die Hände auflegte und für sie betete. Die Jünger aber wiesen die Leute schroff ab. Doch Jesus sagte: Laßt die Kinder zu mir kommen; hindert sie nicht daran! Denn Menschen wie ihnen gehört das Himmelreich. Dann legte er ihnen die Hände auf und zog weiter.

*Gebet der Eltern für die Kinder: GL 25,2*

## Texte für unterwegs

*Dies ist ein heiliger Ort (Ex 3,1–4)*

Mose weidete die Schafe und Ziegen seines Schwiegervaters Jitro, des Priesters von Midian. Eines Tages trieb er das Vieh über die Steppe hinaus und kam zum Gottesberg Horeb. Dort erschien ihm der Engel des Herrn in einer Flamme, die aus einem Dornbusch emporschlug. Er schaute hin: Da brannte der Dornbusch und verbrannte doch nicht. Mose sagte: Ich will dorthin gehen und mir die außergewöhnliche Erscheinung ansehen. Warum verbrennt denn der Dornbusch nicht?
Als der Herr sah, daß Mose näher kam, um sich das anzusehen, rief Gott ihm aus dem Dornbusch zu: Mose, Mose! Er antwortete: Hier bin ich!

*Wo sich Himmel und Erde berühren (Gen 28,10–18)*

Jakob zog aus Beerscheba weg und ging nach Haran. Er kam an einen bestimmten Ort, wo er übernachtete, denn die Sonne war untergegangen. Er nahm einen von den Steinen des Ortes, legte ihn unter seinen Kopf und schlief dort ein. Da hatte er einen Traum: Er sah eine Treppe, die auf der Erde stand und bis zum Himmel reichte. Auf ihr stiegen Engel Gottes auf und nieder. Und siehe, der Herr stand oben und sprach: Ich bin der Herr, der Gott deines Vaters Abraham und der Gott Israels. Das Land, auf dem du liegst, will ich dir und deinen Nachkommen geben. Deine Nachkommen werden zahlreich sein wie der Staub auf der Erde. Du wirst dich unaufhaltsam ausbreiten nach Westen und Osten, nach Norden und Süden, und durch dich und deine Nachkommen werden alle Geschlechter der Erde Segen erlangen. Ich bin mit dir, ich behüte dich, wohin du auch gehst, und bringe dich zurück in dieses Land. Denn ich verlasse dich nicht, bis ich vollbringe, was ich dir versprochen habe. Jakob erwachte aus seinem Schlaf und sagte: Wirklich, der Herr ist an diesem Ort, und ich wußte es nicht. Furcht überkam ihn, und er sagte: Wie ehrfurchtsgebietend ist doch dieser Ort! Hier ist nichts anderes als das Haus Gottes und das Tor des Himmels. Jakob stand früh am Morgen auf, nahm den Stein, den er unter seinen Kopf gelegt hatte, stellte ihn als Steinmal auf und goß Öl darauf.

*Litanei*

Gott, du bist der Heilige, der Unnahbare,
du bleibst für uns ein Geheimnis,
und dennoch dürfen wir dich erahnen und dich erspüren.

V: In so vielen Dingen liegt viel von Gott.
A: Liegt viel von Gott.

In jedem guten Wort ...
In einem freundlichen Blick ...
In einem gütigen Lächeln ...
In einer Umarmung ...
In der Schönheit eines Menschen ...
Aber auch in einem gezeichneten Gesicht ...
In still geweinten Tränen ...
In schweren Stunden und dunklen Tagen ...
In verzweifelten Schreien ...
Im Schmerz und im Leiden ...
In der Ohnmacht, die ich aushalten muß ...

V: In so vielen Dingen liegt viel von Gott.
A: Liegt viel von Gott.

In einer schönen Melodie ...
In den Farben eines Bildes ...
In einem Gedicht, das mich anrührt ...
In einem Fest, das mich über den Alltag hinaushebt ...
In der Freude und Ekstase ...
In einer Idee, meiner Phantasie und Schaffenskraft ...
In der Spannung des Lebens ...
In der Ruhe einer Mußestunde ...

V: In so vielen Dingen liegt viel von Gott.
A: Liegt viel von Gott.

In der Schönheit der Natur ...
Im Säuseln des Windes ...
Im wohltuenden Strahl der Sonne ...
Im fruchtbringenden Regen ...
In der Majestät der Berge ...
In der Weite der Äcker und Wiesen ...
In der Undurchdringlichkeit eines Dschungels ...
In den Tiefen des Meeres ...
In der Grandiosität der Wüste ...
Im Himmel, der sich über uns wölbt ...
In den interplanetarischen Entfernungen ...
In den mikrokosmischen Strukturen ...

V: In so vielen Dingen liegt viel von Gott.
A: Liegt viel von Gott.

In der Stille einer Kirche ...
In den Gebeten der alten Frauen ...
In den Liedern und Rhythmen der Jugendlichen ...
In den Gregorianischen Chorälen der Mönche ...
In den Klängen der Orgel ...
Im Aufjubeln der Elektrogitarren ...
In der Feier der großen Liturgien in den Domen ...
In den Gottesdiensten kleiner Gruppen in den Wohnzimmern ...
Im Weihrauchduft und Schein der Kerzen ...
In den Worten der Heiligen Schrift ...
Im Zeichen des Brotes ...
In unserer Gemeinschaft ...

V: In so vielen Dingen liegt viel von Gott.
A: Liegt viel von Gott.

*Sind so kleine Hände (Bettina Wegner)*

Sind so kleine Hände
Sind so kleine Hände, winz'ge Finger dran.
Darf man nie drauf schlagen, die zerbrechen dann.
Sind so kleine Füße mit so kleinen Zehn.
Darf man nie drauf treten, können dann nicht gehen.
Sind so kleine Ohren scharf, und ihr erlaubt:
Darf man nie zerbrüllen, werden davon taub.
Sind so schöne Münder, sprechen alles aus.
Darf man nie verbieten, kommt sonst nichts mehr raus.
Sind so klare Augen, die noch alles sehn.
Darf man nie verbinden, könn'n sie nicht verstehn.
Sind so kleine Seelen, offen und ganz frei.
Darf man niemals quälen, gehn kaputt dabei.
Ist so'n kleines Rückgrat, sieht man fast noch nicht.
Darf man niemals beugen, weil es sonst zerbricht.
Grade, klare Menschen wären ein schönes Ziel.
Leute ohne Rückgrat hab'n wir schon zuviel.

*Laßt euch die Kindheit nicht austreiben (E. Kästner)*

Liebe Kinder! Laßt euch die Kindheit nicht austreiben! Schaut, die meisten Menschen legen ihre Kindheit ab wie einen alten Hut. Sie vergessen sie wie eine Telefonnummer, die nicht mehr gilt. Ihr Leben kommt ihnen vor wie eine Dauerwurst, die sie allmählich aufessen, und was gegessen worden ist, existiert nicht mehr ... Früher waren sie Kinder, dann wurden sie Erwachsene, aber was sind sie nun? Nur wer erwachsen wird und Kind bleibt, ist ein Mensch!

Liedvorschlag: Herr, unser Gott, wie bist du zugegen (GL 298); Namen-Gottes-Litanei (GL 763)

Evtl. mit Predigt »Eucharistie-Science-fiction« (5)

# II. Predigten

## 1. Der zweite Himmel

Lesung: Das heilige Zelt (Ex 33,7–11) – Evangelium: Ich bin bei euch (Mt 28,16–20) – Liedvorschlag: GL 639,4–5

Vor kurzem erzählte eine Mutter von einem Erlebnis mit ihrem Kind bei der Fronleichnamsprozession. Während sie mit ihrem Kleinen im Zug hinter dem Allerheiligsten herläuft, zieht sie der Bub am Rock und fragt: »Mama, was ist denn das, was die Männer da tragen?« Die Mutter flüstert zurück: »Das ist der Himmel.« Darauf der Bub: »Aber der liebe Gott wohnt doch da droben im Himmel, warum brauchen wir denn noch einmal einen Himmel? *Ein* Himmel langt doch!«

Eigentlich hat das Kind recht. Denn unsere Bezeichnung für den Baldachin, der über dem Allerheiligsten getragen wird, ist tatsächlich irreführend. Aber diese Kinderfrage zwingt uns einmal, darüber nachzudenken: Woher kommt eigentlich dieser Brauch, an Fronleichnam einen »Himmel« im Ort herumzutragen, und was soll das bedeuten?

Die Wurzeln reichen weit zurück: bis zu den Erzählungen von der Wüstenwanderung Israels. Neben den vielen Zelten, in denen die Israeliten übernachteten, gab es ein besonders kostbares Zelt. Es wurde immer außerhalb des Lagers aufgestellt. Nur Mose durfte hineingehen. Im heiligen Zelt wurde die Bundeslade aufbewahrt. Für das Volk Israel war klar: Gott wohnt im Himmel, und eigentlich ist er überall. Aber der Blick vom Lager hinaus auf das kostbare Zelt mit der Bundeslade war ihnen ein deutliches Zeichen: Gott wohnt *bei uns.*

Unser »Himmel«, der bei der Fronleichnamsprozession über der Monstranz mitgetragen wird, ist so etwas Ähnliches: ein Tragezelt. Ein sichtbares Zeichen dafür, daß sich unter diesem Dach etwas ganz Kostbares verbirgt: Wie die Bundeslade ein Zeichen für Gottes Treue zu seinem Volk war, so ist das Stückchen Brot in der Monstranz für uns Christen ein Zeichen für die bleibende Gegenwart Jesu bei den Menschen.

Auch wir wissen: Gott ist im Himmel, und eigentlich ist er überall. Trotzdem ist für uns die Kirche der besondere Ort, wo Gott wohnt.

Ein Raum der Stille, abgeschirmt vom Lärm unseres normalen Alltags. Wenn wir aber an Fronleichnam bewußt mit dem Allerheiligsten und dem Himmel auf die Straßen unserer Dörfer und Städte gehen, dann wollen wir uns damit vor Augen führen: Gott läßt sich weder im Himmel noch in den Kirchen einsperren. Er ist mitten auf den Wegen meines Alltags anzutreffen.

Liebe Zuhörerinnen und Zuhörer,
der Himmel, der an Fronleichnam durch unsere Straßen getragen wird, spricht auch ohne Worte. Er sagt mir: Glaub's doch: Gott ist da. Dort, wo du lebst, wo du arbeitest, wo du streitest, wo du dich freust, wo du feierst, wo du leidest, wo du stirbst.

## 2. Dem Alltag Ansehen geben

Lesung: Seht, diese Hände da! (Apg 20,32–35) – Evangelium: Bei der Arbeit im Garten und in der Küche (Lk 13,18–21)

Der französische Schriftsteller Albert Camus umschreibt einmal den gewöhnlichen Alltag eines Menschen so: »Aufstehen, Straßenbahn, 4 Stunden Büro oder Fabrik, Essen, 4 Stunden Arbeit, Essen, Schlafen, Montag, Dienstag, Mittwoch, Donnerstag, Freitag, Samstag. Immer derselbe Rhythmus. Das ist sehr lange ein bequemer Weg. Aber eines Tages steht das ›Warum‹ da und mit diesem der Überdruß.«

Diese Tretmühle des Alltags, wie sie Camus beschreibt, kennen wir. Das Eintönige, das Zermürbende, das Langweilende, das Belastende, das Banale. Alles plätschert so dahin, Woche um Woche vergeht ohne besondere Höhepunkte. Wenn wir gefragt werden: »Was machst du denn zur Zeit?«, dann liegt einem oft die Antwort auf der Zunge: »Ach, nichts Besonderes. Nicht der Rede wert. Man lebt halt.«

Eine Hausfrau meint: »Immer nur Dreck aufräumen! Und kaum ist man fertig, könnte man wieder von vorne anfangen.« Oder der Mann im Büro: »Kaum ist ein Stapel Post aufgearbeitet, liegt am nächsten Morgen schon der nächste Stapel da. Das ganze von vorne!«

Aber wenn ich das Neue Testament aufschlage und zu lesen anfange, dann stutze ich. Wovon wir sagen: »Nicht der Rede wert!« – gerade davon erzählt Jesus. Worüber wir fast abfällig urteilen: »Nicht wert, daß es überhaupt erwähnt wird!« – das liefert Jesus den Stoff für seine Gleichnisse und Predigten. Er erzählt nicht von spektakulären Begebenheiten. Er erzählt von den banalen Tätigkeiten des Alltags: von einer Frau, die den Sauerteig für das Brot herrichtet; von dem Hirten, der mit seinen Schafen auf dem Feld ist; von Bauern beim Säen und Ernten; von den Arbeitern im Weinberg; vom Tagelöhner, der bei seiner alltäglichen Arbeit doch einen überraschenden Fund macht.

Jesus beobachtet die täglichen Querelen in den Familien. Wie einer zwar »ja« sagt, aber sich dann doch aus dem Staub macht. Er beruft seine Jünger nicht bei Sonderveranstaltungen und Pontifikalgottesdiensten, sondern bei der langweiligen Stopf- und Flickarbeit der Netze.

Mir sagt das: Was leicht übersehen wird und was einem leicht über-

drüssig wird, das kommt bei Jesus zu Ehren und Ansehen. Wenn er so oft dem Alltag sein Augenmerk schenkt und von ihm erzählt, dann ist er überzeugt: Hier spielt sich das Entscheidende des Lebens ab.
An Fronleichnam tragen wir die Monstranz durch die Straßen des Alltags. Es sind die Straßen, auf denen die Hausfrauen tagtäglich die Lebensmittel nach Hause schleppen, auf denen die Arbeiter in aller Herrgottsfrüh in die Fabriken fahren. Es sind die Straßen, auf denen die Bauern und Winzer zu ihren Feldern und Weinbergen kommen. Wir tragen die Monstranz an den Häusern vorbei, wo gelacht und gestritten wird, wo Menschen sich lieben und sich auf die Nerven gehen, wo aufgestanden, gegessen, ferngesehen und geschlafen wird – und das am Montag, Dienstag, Mittwoch, Donnerstag, Freitag, Samstag ...
Wenn wir denjenigen durch die Straßen unseres Alltags tragen, der sich so gern vom Alltag ansprechen ließ, dann drücken wird doch unseren Glauben aus: Mein täglicher Kleinkram, meine tägliche Mühle haben vor ihm einen Wert, werden von ihm ernst genommen und geachtet. Und das wissen wir alle: Wenn mein tägliches Mühen Anerkennung und Achtung in den Augen eines anderen findet, dann kann auch das Banalste einen Sinn bekommen.

# 3. Jesus zu Gast

Lesung: Die Gastfreundschaft (Hebr 13,1–2) – Evangelium: Seid wie Menschen, die auf die Rückkehr ihres Herrn warten (Lk 12,35–38) oder: Jesus zu Gast (Lk 19,1–10)
Es könnte dem humorvollen Ton der Predigt zugutekommen, wenn jeweils der Ortsname und vielleicht auch sonst die Namen der Verantwortlichen eingesetzt werden.

Ich stelle mir vor, Jesus meldet plötzlich seinen Besuch in ... an. Der Pfarrer fällt vor lauter Aufregung über seine eigenen Beine. Er rennt sofort zum Telefon und verwählt sich dreimal. Endlich hat er den Bürgermeister an der Strippe.
Der unterbricht sofort seine Amtsgeschäfte, rennt heim, schreit: »Frau, den besten Anzug!« – und vergißt vor lauter Übereifer den Schlips.
Der Küster sprintet in die Sakristei, ruft sofort den bischöflichen Sekretär an und erkundigt sich, welche liturgische Farbe für den hohen Gast angemessen ist und ob in einem solchen Fall das Allerheiligste überhaupt noch ausgesetzt werden muß, wenn doch Jesus *selbst* da ist.
Der Dirigent der Blaskapelle trommelt seine Musiker zusammen, sucht die Paradestücke aus und gibt striktes Alkoholverbot, bis der Gast ... wieder verlassen hat.
Der/die Pfarrgemeinderatsvorsitzende ist der/die einzige, der/die noch einen klaren Kopf behält. Er/sie ordnet an: Fahnenschmuck an allen Häusern, Glockengeläute, Abordnungen aller Vereine!
Der Kirchenpfleger wittert die Chance seines Lebens und besorgt sich schnell noch größere Klingelbeutel. Er arbeitet den Prozessionsweg aus. Es geht durch die saubersten Straßen mit den schönsten Häusern. ... muß sich von seiner schönsten Seite zeigen.
Die Jugend malt Transparente: Herzlich willkommen. ... grüßt seinen Jesus.
Der Winzerverein holt für den Stehempfang die erlesensten Weine aus dem Keller.
Zehn Minuten vor dem Eintreffen des hohen Gastes steht das Dorf geschlossen vor dem Ortseingang.
Neugier treibt sogar diejenigen Frauen aus dem Haus, die sonst schimpfen, wenn Gottesdienste verlegt werden oder zu erwarten ist, daß sie länger als gewöhnlich dauern, und sie deswegen mit dem Kochen nicht mehr pünktlich fertig werden.
Und dann der große Augenblick: Jesus kommt – und alles läuft wie

am Schnürchen. Im Festgottesdienst – welche Veränderung: Kein Husten ist zu hören. Die Leute drängen sich – in die vordersten Kirchenbänke. Niemand will die Kirche verlassen, bevor Jesus nicht endgültig in der Sakristei verschwunden ist.
Nachmittags unter Glockengeläute und den Klängen der heimatlichen Blasmusik wird Jesus von ... verabschiedet.
Kaum ist Jesus verschwunden, geht ein Seufzer der Erleichterung durch die Reihen. Vor allem die Hauptverantwortlichen wischen sich den Schweiß von der Stirn, und alles atmet auf: Gott sei Dank! Das wäre geschafft!

Liebe Zuhörerinnen und Zuhörer,
hohe Gäste können eine Strapaze sein. Für mich stellt sich allerdings die Frage, ob Jesus überhaupt wie so ein hoher Gast behandelt werden will. Sehr nachdenklich hat mich gemacht, wie eine Schülerin auf eine ähnliche Phantasievorstellung reagiert hat. Bei einem Wochenende wurden Schülerinnen gefragt, was sie tun würden, wenn Jesus plötzlich leibhaftig in ihr Zimmer käme. Die Schülerinnen sollten ihre Antwort auf einen Zettel schreiben. Auf einem Zettel stand: Erschrecken, hinfallen und glücklich sein.

# 4. Jesus im Schaufenster

(für Kinder)

Lesung: Mein Angesicht wird mitgehen (Ex 33,12–17) – Evangelium: Ich bin bei euch (Mt 28,16–20) – Die Monstranz bereithalten, damit sie während der Predigt auf den Altar gestellt werden kann.

In Würzburg gab es in der Vorweihnachtszeit 1992 eine große Attraktion für Kinder. In den großen Schaufenstern eines Kaufhauses in der Fußgängerzone war das Märchen von den Bremer Stadtmusikanten dargestellt. Die Steifftiere hatten Lebensgröße und bewegten sich sogar. Der alte Esel nickte mit dem Kopf, der Hund lag am Boden und schnarchte beim Schlafen, die Katze schob den Buckel, und der Hahn reckte den Hals. Den ganzen Tag klebten Trauben von Kindern an den Fenstern, deuteten auf die Figuren und drückten sich die Nasen platt.
Schaufenster ziehen einfach an. Was ich sehe, das reizt mich. Das möchte ich am liebsten gleich haben. Ich male mir aus, was ich alles damit tun könnte: Wie schön wäre es, mit so einem Steifftierchen schmusen zu können. Wie würden alle Augen machen, wenn ich meiner Klasse erzählte: Mein Steiffkätzchen schiebt den Buckel, und mein kleiner Hund kann sogar schnaufen! Ach, wie schön wär's, wenn so eine Märchenlandschaft daheim mein Kinderzimmer verzaubern würde!
Schaufenster ziehen einfach an. Sie wecken meine Neugier. Was ich da sehe, verspricht mir: »Wenn du mich hast, fühlst du dich besser.« Das Spielzeug sagt mir: »Mit mir hast du keine Langeweile mehr.« Das neue Kleid verspricht mir: »Mit mir kannst du dich sehen lassen. Da werden deine Klassenkameraden schauen!« Der Computer verspricht mir: »Mit mir bist du ›in‹«!

Monstranz auf den Altar stellen

Heute tragen wir ein »Schaufenster« durch die Straßen. Es ist ein besonderes. Das Schaufenster ist sehr klein, aber dafür um so kostbarer eingerahmt mit Silber, Gold und Edelsteinen. Und auch dieses Schaufenster will Neugier wecken, Neugier auf das, was hier ausgestellt ist: ein kleines Scheibchen Brot. Es ist ein Zeichen für Jesus. In der Monstranz ist Jesus im Schaufenster. Wie alle Dinge, die in einem Schaufenster ausgestellt werden, verspricht mir auch Jesus in seinem Schaufenster etwas. Aber er verspricht mir etwas

ganz anderes als die Schaufensterpuppen und und Attraktionen entlang der Fußgängerzone.
Jesus in der Monstranz sagt mir: Ich bin jederzeit für dich da und möchte mit dir auch in Verbindung stehen. Aber ich möchte kein Spielzeug für dich sein, zu dem du greifst, wenn du Lust hast, und es dann wieder in die Ecke wirfst. Ich möchte dir wie ein Freund sein und auch wie ein Freund behandelt werden.
Jesus in der Monstranz sagt mir: Ich bin keine Ware, die du für Geld einfach abholen kannst. Mich wirst du nie in der Tasche haben. Aber immer, wenn du auf mich schaust, wirst du Neues an mir entdecken.
Jesus in der Monstranz sagt mir: Mit mir bist du nicht immer »in«. Manche werden dich verlachen, wenn du etwas auf mich hältst. Aber dafür wirst du bei mir Dinge lernen, die nie aus der Mode kommen: ehrlich sein; daran festhalten, wovon du überzeugt bist; mit anderen so umgehen, wie auch du von ihnen behandelt werden möchtest; Vertrauen auf Gott haben, auch wenn vieles dagegen spricht.
Jesus in der Monstranz sagt mir: So wie ich heute im Schaufenster der Monstranz durch die Straßen deines Heimatortes ziehe, so gehe ich die Straßen deines Lebens mit. Du bist nicht der erste, bei dem ich Wort halten werde. Du brauchst nur in den Evangelien nachzulesen: Menschen, die auf mich Hoffnung setzen, lasse ich nicht allein.

# 5. Eucharistie-Science-fiction

Lesung: Tut dies zu meinem Gedächtnis! (1 Kor 11,23–25) – Evangelium: Die altehrwürdigen Worte (Mt 26,26–29) – Der Prediger kann in der Science-fiction-Geschichte den Namen seiner eigenen Gemeinde einsetzen.

Wer sich öfters mit der Frage, wie die Welt in Zukunft einmal aussehen wird, beschäftigt, der greift gerne zu Science-fiction-Romanen oder setzt sich zu spätmitternächtlicher Stunde vor den Fernseher und läßt sich Phantasiegemälde von zukünftiger Technik und Lebensbedingung vor Augen führen.

Wenn ich über unsere Kirche nachdenke, wenn ich sehe, wie die Kirchen immer leerer werden, wie immer mehr Menschen ihr distanziert gegenüberstehen, wie immer mehr Leute sagen: »Kirche und Gottesdienst bringen mir nichts. Das ist ja doch immer das gleiche«, wenn in immer mehr Familien Glaube und Gebet kein Thema mehr sind – wenn ich das alles sehe und wenn ich dann den Auftrag bekäme, ein Drehbuch für einen Science-fiction-Film über die Kirche der Zukunft zu schreiben, es würde so aussehen:

Touristen auf einer Bildungsreise wollen die Kultur und das alte Brauchtum des (fränkischen) Volkes kennenlernen. Wir schreiben das Jahr 2287. Sie betreten ein altehrwürdiges Gebäude. Die Fremdenführerin erklärt: »Sie stehen hier in der ehemaligen Kirche von ... Vor vielen hundert Jahren war dieser Bau einmal der Stolz der kleinen Gemeinde. Einer über tausendjährigen Tradition folgend, trafen sich hier Sonntag für Sonntag fast alle Einwohner des Ortes, um ihren Gott zu verehren. Aber kurz vor der letzten Jahrtausendwende, in den Jahrzehnten nach dem sogenannten Zweiten Weltkrieg, ließ das Interesse plötzlich stark nach. Und bald wurden wegen mangelnder Benutzung die Kirchen geschlossen. Manche Familien haben noch Privatheiligtümer aufgebaut und sich in kleinen Gruppen getroffen. Aber heute sind keine Spuren mehr davon übriggeblieben. Um die Kirche vor dem drohenden Verfall zu schützen, schritt der Staat ein und nutzte sie als kunsthistorisches Museum für (fränkische) Landeskunde und Volksglauben.

Sie sehen hier in diesem Raum viele Statuen und Bilder von sogenannten Heiligen, zu denen Christen einmal beteten und sie als Vorbilder verehrten. Das letzte Buch über die christlichen Heiligen wurde vor gut hundert Jahren, um 2050 geschrieben.«

Die Reisegruppe wurde in einen kleinen Raum an der Stirnseite des Gebäudes geführt. Die Reiseführerin öffnete einen Tresor und zog eine schwarze Schatulle heraus. Sie öffnete sie vor den neugierigen Gesichtern. Ein Raunen ging durch die Reihe der Touristen, als sie eine Schale aus purem Gold und einen mit Edelsteinen besetzten Pokal zeigte. »Das sind, meine Damen und Herren, oder besser gesagt, das waren die wichtigsten Geräte bei der gottesdienstlichen Feier der Christen. Es war einem eigenen Berufsstand vorbehalten, bei dieser Feier aus der goldenen Schale an die Gläubigen kleine weiße Scheibchen Brot auszuteilen und Wein aus dem Pokal zu trinken. Der letzte Priester soll 2057 enttäuscht die Gemeinde von ... verlassen haben.« Die Touristen bestaunten die wertvollen Stücke und gingen dann langsam aus der Sakristei; das war nämlich der Spezialname für diesen kleinen Raum.

Ein junger Mann blieb stehen. Und während die Fremdenführerin die goldene Schale und den Pokal wieder einpackte, bat er sie: »Könnten Sie mir noch mehr über diese Geräte und die Art, wie die Christen damit gefeiert haben, erzählen?« »Viel mehr kann ich Ihnen leider auch nicht sagen«, gab die Fremdenführerin ehrlich zu. »Entweder müssen Sie zu Geschichtsforschern an die Universität gehen – oder: In der Eifel soll es noch ein altes Kloster geben, wo noch ein paar Mönche nach dem damaligen Ritus Gottesdienst feiern.«

Der junge Mann machte sich auf und suchte nach dem entlegenen Kloster. Als er die Klosterpforte betrat, hörte er Klänge, wie er sie noch nie gehört hatte. Um einen großen Tisch standen Männer in weißen Gewändern. Und auf dem Tisch erblickte er sie wieder: die goldene Schale und den reich geschmückten Pokal.

Der greise Priester hob die Schale, zeigte eine weiße Scheibe Brot und sprach: *NEHMET HIN UND ESSET, DAS IST MEIN LEIB, DER FÜR EUCH HINGEGEBEN WIRD.* Danach nahm er auch den Pokal und sprach: *NEHMET HIN UND TRINKET ALLE DARAUS. DAS IST DER KELCH DES NEUEN UND EWIGEN BUNDES. MEIN BLUT, DAS FÜR EUCH UND FÜR ALLE VERGOSSEN WIRD ZUR VERGEBUNG DER SÜNDEN. TUT DIES ZU MEINEM GEDÄCHTNIS.* Und alle verneigten sich. Aus dieser Geste sprach eine tiefe Ehrfurcht.

Staunend verfolgte der junge Mann das Geschehen mit. Er verstand zwar nicht, was die kleine Scheibe Brot mit dem Leib und Fleisch eines Menschen zu tun haben sollte. Aber das spürte er: daß dieses Brot mit keiner anderen Speise zu vergleichen war und daß an diesem Brot das Leben dieser Männer hing. Er verstand zwar nicht, was dieser Wein im Pokal mit einem »Neuen Bund« zu tun haben sollte, aber das spürte er: daß das Trinken aus dem einen Kelch diese Männer zusammenhielt und daß in dieser Runde eine geheimnisvolle Beziehung zu Jesus bestand, den sie in ihren Gebeten ansprachen. Er verstand zwar nicht, wie das gehen sollte: »Mein Blut, das für euch und für alle vergossen wird«, aber das berührte ihn, daß diese Männer in ihren Gebeten nicht nur an sich selbst dachten, sondern an alle, auch an die, die von dieser Feier überhaupt keine Notiz mehr nahmen und denen dieser Jesus gleichgültig war. Er verstand zwar nicht, was diese Schale und dieser Pokal mit der Vergebung der Sünden zu tun haben sollten, aber das beeindruckte ihn: daß in dieser feierlichen Atmosphäre so unbequeme Themen wie Sünde und Schuld nicht totgeschwiegen, sondern ehrlich ausgesprochen wurden, ohne daß sich eine bedrückende Resignation über diese Feier legte. Und er hörte die Worte: »Tut dies zu meinem Gedächtnis«, und er fragte sich: Warum nur haben die Menschen solche Worte und Zeichen vergessen? Warum nur haben sie mir so etwas vorenthalten?

# 6. Blumenteppiche verzaubern – nicht nur an Fronleichnam

Lesung: Die Gerechtigkeit blühe auf (Ps 72,1–7) – Evangelium: Versöhne dich zuerst mit deinem Bruder (Mt 5,23- 24)

Zwei Mönche lebten im Tal des Himalaya. Jeder bewohnte eine eigene Hütte und widmete sich seinen frommen Übungen. Sie lasen die Heiligen Schriften, schwiegen die ganze Zeit und sprachen nicht miteinander. Denn keiner besuchte den andern. Aber viele andere Menschen kamen zu den beiden frommen Mönchen und staunten über ihren strengen Lebensstil und ihre Heiligkeit. Eines Tages kam Gott zu einem von ihnen und fragte nach dem Weg, der zum andern führte. »Den Weg zum andern weiß ich nicht«, gab dieser zur Antwort. Da ging Gott traurig zum Himmel zurück.
Nach Jahren starben diese heiligen Mönche, und ihre Hütten blieben verwaist. Eines Tages zogen zwei Pelzjäger in die beiden Hütten ein. Sie machten einen Weg, um die Hütten zu verbinden und sich täglich besuchen zu können. Gott kam wieder herab und sah zu seinem Erstaunen einen Weg zwischen den beiden Hütten. Voll Freude wandelte er von einer Hütte zur andern, und als er weggegangen war, wuchs ein herrlicher Blumenteppich auf den Spuren seiner Schritte.

Liebe Zuhörerinnen und Zuhörer!
Den Weg zum andern, den suche ich, dachten die beiden einfachen Pelzjäger, und Gott ließ einen herrlichen Blumenteppich zwischen beiden Hütten wachsen. Die Landschaft war verzaubert.
»Den Weg zum andern weiß ich nicht«, sagten die beiden sonst so frommen Mönche, und der Weg zwischen ihnen blieb öde und leer.
»Den Weg zum andern wissen wir nicht, der Weg zum andern interessiert uns nicht«, sagen immer mehr in unseren Städten und Dörfern, und die Straßen bleiben einsam und kalt.
Den Weg zum andern, den suchen wir, denken, Gott sei Dank, noch immer Menschen, und auf den Straßen wird gegrüßt und dem andern zugelächelt.
»Den Weg zu unseren Kindern wissen wir nicht mehr«, müssen sich immer mehr Menschen zugestehen und leiden ein Leben lang darunter, werden verbittert und hart.
»Den Weg zum anderen, den suchen wir auch weiterhin, auch wenn scheinbar die Wege zueinander verbaut sind«, sagen manch-

mal Menschen noch nach -zig Enttäuschungen und sind glücklich, wenn sie wieder einmal vom andern ein Lebenszeichen erhalten. Wenn Gott heute in unsere Familie, in unser Pfarrhaus, in dem ich lebe, in unseren Stadtteil, in unser Dorf zu Besuch käme – ich hoffe, daß er sagen könnte: Hier werden Wege zueinander gesucht. Denn davon bin ich überzeugt: Die Blumenteppiche, die Gott wachsen läßt, wo Menschen den Weg zueinander suchen, die können auch heute noch Familien, Pfarrhäuser, Klostergemeinschaften, Städte verzaubern.

# 7. Strahlenmonstranz

Lesung: Die Begegnung mit Gott läßt strahlen (Ex 34,28–35) – Evangelium: Die Ausstrahlungskraft Jesu (Mk 6,53–56)

Der Psychotherapeut Karlfried Graf von Dürckheim war davon überzeugt: Alle Dinge haben eine besondere Ausstrahlung: die Pflanzen, die Blumen, die Steine, Gegenden, Farben.
Eine bewaldete Gegend strahlt etwas anderes aus als eine fruchtbare Flur oder eine steinige Wüste. Rot löst eine andere Empfindung in uns aus als Grün oder Gelb oder Schwarz. Die Stimmung eines Raumes kann völlig verschieden sein. Ein gemütliches Wohnzimmer ist etwas anderes als ein Laboratorium, ein Kirchenraum etwas anderes als eine Fabrikhalle, eine Diskothek etwas anderes als ein klassischer Konzertsaal.
Alle Dinge haben ihre eigene Ausstrahlung. Das gilt auch von uns Menschen.
Einem, der verärgert ist, verbissen dreinschaut, schlechter Laune ist, gleich überläuft, dem gehe ich lieber aus dem Weg. Ich weiß: Der Umgang mit solchen Menschen ist anstrengend und oft unberechenbar. Und vor allem spüre ich ganz unbewußt: Solche Menschen strahlen etwas Dunkles, Zerstörerisches, Unheimliches aus. Denen weiche ich aus.
Dagegen gibt es Menschen, die mich schon von ihrer Erscheinung her anziehen. Sie verbreiten eine wohltuende Atmosphäre, sie strahlen Frieden aus. Ihre ruhige, besonnene Art steckt einfach an. In ihrer Gegenwart fühle ich mich wohler. Sie haben eine positive Ausstrahlung auf mich.

Liebe Zuhörerinnen und Zuhörer,
unsere Vorfahren haben sich etwas dabei gedacht, wenn sie ihre Monstranzen als Strahlenmonstranzen gestaltet haben: wie eine Sonne, die ihre Strahlen in alle Richtungen aussendet. Wenn sie Jesus in der Gestalt des Brotes in das Zentrum des Strahlenkranzes stellten, glaubten sie fest daran: Wo Jesus in der Mitte ist, wo Menschen auf ihn schauen und vor ihm beten, wo Menschen Jesus durch ihre Dörfer/Städte tragen, da wird von seiner guten Ausstrahlung etwas spürbar.
Wenn wir heute die Monstranz durch unser Dorf/unsere Stadt tragen, dann haben wir nur den einen Wunsch: Jesus, laß von deiner guten Art, Menschen zu begegnen, von deiner ruhigen Art, die im Vertrauen auf Gott gründet, Jesus laß von deiner guten Ausstrahlung unter uns etwas spürbar werden!

# 8. Ob das wohl satt macht?

Lesung: Man wird essen und noch übriglassen (2 Kön 4,42–44) – Evangelium: Alle wurden satt (Mk 8,1–10)

An Fronleichnam werden sie wieder geschmettert, unsere alten Sakramentslieder: »Deinem Heiland, deinem Lehrer«, »Laßt Christen hoch den Jubel schallen«. Sie haben alle nur ein Thema: Dieses Brot ist unsere Lebensnahrung. Da heißt es z.B: »Dieses Brot sollst du erheben, welches lebt und gibt das Leben«. Oder in einem typisch fränkischen Sakramentslied: »Und wie, wenn Geist und Leib ermüden und ihre Tätigkeit erschlafft, uns Trank und Speise Stärkung bieten und neu beleben uns're Kraft.«
Diese christliche Überzeugung macht ein atheistisches Propagandaplakat zur Zielscheibe des Spotts: Dargestellt ist ein Priester im kostbaren Meßgewand. Vor ihm ausgezehrte und hungernde Gestalten, die sehnsüchtig die Hände aufhalten. Der Priester legt ihnen in gebeugter Haltung die Kommunion auf die Hand. Unter diesem Plakat steht in knalliger Schrift: *Ob das wohl satt macht?*
Den Magen macht dieses Brot sicher nicht satt. Es wird auch nie den Hunger abschaffen. Das ist auch nicht der Grund, weshalb wir heute an Fronleichnam hinter diesem Brot herlaufen. Ob hungernd oder mit Wohlstandsbauch, die Kraft dieses Brotes kennt nur, wer *innerlich* ausgezehrt ist. Was wir erwarten ist: Daß dieses Brot unsere Sehnsucht stillt: unsere Sehnsucht nach innerem Frieden, nach Angenommensein, nach Wertschätzung.
Oder wie es eine alte Frau ganz einfach ausdrückte, als sie gefragt wurde: »Warum läufst du hinter diesem goldenen Gefäß mit dem kleinen Scheibchen Brot her?« Sie gab zur Antwort: »Wissen Sie, ich habe eine gute Rente, kann mir fast alles kaufen, ich kann jeden Tag ins Café gehen. Aber das will ich Ihnen sagen: Ich habe noch nichts gefunden, was mich wirklich satt und zufrieden macht. Wenn mir dieses Stückchen Brot in die Hand gelegt wird, dann spüre ich: Auch wenn mich viele zum alten Eisen rechnen, meinem Gott bin ich trotzdem noch viel wert. Wenn auch viele lieber mit jungen, hübschen Leuten reden, mein Gott schaut nicht auf die Runzeln. Wenn dieses Stück Brot mir auf die Hand gelegt wird, dann denke ich mir: Gott, Du warst in meinem ganzen Leben dabei. Du wirst auch beim Sterben dabei sein. Und ich fange an zu träumen, wie's einmal bei ihm sein wird. Ja, hinter diesem Brot steckt ungeheuer viel. Hinter diesem Stückchen Brot steckt meine letzte Hoffnung.«

# 9. Kommunionempfang als Vertragsabschluß

Lesung: Das Blut des Bundes (Ex 24,3–8) – Evangelium: Die Deutung des Todes Jesu (Mk 14,22–25)

Drastisch, was da in der Lesung geschildert wird. Da werden Tiere geschlachtet, Blut in Kübeln aufgefangen und dann an den Altar und über die Leute verspritzt.

In den Abendmahlsworten, die uns als Wandlungsworte aus der Meßfeier vertraut sind, wird genau auf diesen Ritus Bezug genommen: Das ist mein Blut, das Blut des Bundes. Jesus deutet seine Lebenshingabe so, als würde sein Blut über uns ausgesprengt.

Stellen Sie sich vor: Der Pfarrer würde mit einem Eimer Blut durch die Kirche gehen, »Blut Christi« ausrufen und dabei das Blut über die Gläubigen spritzen. Einfach grauslich! Da fährt es einem durch Mark und Bein.

Kein Wunder, daß der Blutaspekt in der Eucharistiefeier zurückgetreten ist: Es wird nur Brot ausgeteilt, im Kelch erinnert nicht einmal mehr Rotwein an Blut. Es wird Weißwein verwendet. Eigentlich ist das nicht verwunderlich. Wir haben unsere Schwierigkeiten mit dem Umgang mit Blut.

Aber der Ritus aus dem Alten Testament ist sehr sprechend - und zwar, wenn er im Sinn eines Vertragsabschlusses zwischen Gott und seinem Volk verstanden wird: Da wird zuerst die Vertragsurkunde verlesen. Als Besiegelung dafür werden Opfertiere geschlachtet und ihr Blut in Behältern aufgefangen. Die Hälfte des Blutes an den Altar gesprengt, sozusagen für die Seite Gottes, die andere Hälfte wird über die Israeliten ausgesprengt. Damit versprechen sich die Bündnispartner: Ich stehe für dich ein bis aufs Blut.

Liebe Zuhörerinnen und Zuhörer,

Kommunionempfang unter den Deuteworten vom Bundesblut betrachtet, ist ein immer neuer Vertragsabschluß. Dabei bin ich gleichwertiger Bündnispartner Gottes. Bündnispartner versprechen sich, daß sie sich gegenseitig helfen und füreinander einstehen. Gott steht für mich ein bis aufs Blut.

Normalerweise sehen wir »Kommunion« unter dem Gesichtspunkt der Begegnung. Den Deuteworten entsprechend – »Das ist mein Blut, das Blut des Bundes« – geht es auch um eine Verpflichtung meinerseits, um die Verpflichtung, für Gott im Alltag einzustehen.

# 10. Das große Welttheater

Lesung: Es ist dir gesagt worden, Mensch, was gut ist (Mi 6,6–8) – Evangelium: Wer in den kleinsten Dingen zuverlässig ist (Lk 16,9–13)

Die festlichsten und feierlichsten Prozessionen des Jahres ziehen am Fronleichnamstag übers Land. Dieses katholische Hochfest geht auf die mittelalterliche Frömmigkeit um die Verehrung der Eucharistie zurück. 1264 wurde es von Papst Urban IV. als eigenes Fest für die ganze abendländische Kirche eingeführt.
Vor allem im Spätmittelalter und der Barockzeit wurde dieses Fronleichnamsfest liturgisch und brauchtumsmäßig immer reicher und glanzvoller ausgestaltet. Oft trat an diesem Tag zum »liturgischen Spiel« der Prozession das dramatische Spiel des Theaters.
In dieser Zeit schrieb auch der Spanier Pedro Calderón de la Barca sein Fronleichnamsspiel mit dem Titel *»Das große Welttheater«*. Auf den Stufen der Kathedrale von Sevilla wurde es am Fronleichnamstag 1675 zum ersten Mal aufgeführt. In diesem Spiel betritt Gott die Weltbühne, ruft die einzelnen Spieler auf und teilt einem jeden seine Rolle zu: dem einen die Rolle des Königs, dem andern die Rolle des Bauern. Dem einen Menschen wird die Rolle »Schönheit«, dem andern die Rolle »Weisheit« zugewiesen; dem einen die Rolle »Reicher«, dem andern die Rolle »Bettler«. Wie die einzelnen Spieler ihre Rolle ausfüllen, das überläßt ihnen Gott ganz allein. Er gibt nur einem jeden Menschen den Rat mit auf den Weg: »Liebe deinen Nächsten wie dich selbst und tue Recht, denn Gott bleibt Gott!«
Und jeder beginnt, seine Rolle zu spielen: Die Welt als Bühne, das Leben als Spiel. Am Ende ihres Lebens erscheinen dann die einzelnen Personen wieder vor Gott: König, Bauer, Schönheit, Weisheit, Reicher und Bettler. Einem jeden geht nun vor dem Angesicht Gottes auf, wie gut oder wie schlecht er seine Lebensrolle gespielt hat. An dieser Stelle ertönt aus dem Dom die Melodie des »Tantum ergo«.

Orgel spielt leise und getragen das Lied »Tantum ergo« (GL 541)

Liebe Zuhörerinnen und Zuhörer,
Pedro Calderón de la Barca wollte durch sein Fronleichnamsspiel die Zuschauer seines Spiels und die Teilnehmer der Prozession zum Nachdenken bringen. Er wollte ihnen sagen: Wenn du heute wieder hinter dem Allerheiligsten durch die Straßen ziehst und zu ihm hochschaust, wenn du heute wieder dein »Tantum ergo« singst, dann denk an das Spiel vom großen Welttheater und frage

auch dich: Spiele ich meine Rolle, die mir in den Straßen dieser Welt aufgetragen ist, so gut, daß ich mich von *ihm* anschauen lassen kann, ohne mich schämen zu müssen? Fülle ich meine Rolle als Handwerker, als Familienvater, als Schüler, als Bauer, als Priester, Schwester, Arzt und Geschäftsmann so aus, daß *er* mir auf die Schulter klopfen und sagen könnte: Mensch, das hast du gut gemacht!

# Bittage

# Der Flurgang: Geschichte – Tradition – Aktualisierung

Die Feier der Bittage ist traditionell mit dem Markustag am 25. April und den drei Tagen vor Christi Himmelfahrt verbunden. Die Wurzeln dieser Tradition lassen sich präzise festmachen. Die Bittprozession am Markustag (litania maior) ist römischen Ursprungs. Jedes Jahr am 25. April zogen die Einwohner Roms in einer kreisförmigen Prozession um ihre Fluren und opferten dem Gott Robigus bzw. der Göttin Robigo einen roten Hund, um den Getreiderost von ihren Feldern fernzuhalten. Im 4. Jahrhundert haben die römischen Stadtchristen die übliche heidnische Flurprozession zu verdrängen versucht, indem sie der beliebten Form einen christlichen Inhalt gaben. Anstelle der Opfer, durch die die unheilbringenden Gottheiten gütig gestimmt werden sollten, wurden jetzt in der Allerheiligenlitanei die christlichen Heiligen um Schutz und Beistand angerufen.

Die Bittprozessionen um die Fluren des eigenen Ortes hängen mit dieser römischen Tradition zusammen. Bewußt werden alle vier Windrichtungen angegangen. Mit der Prozession wird geradezu ein heiliger Schutzkreis um die Flur gelegt.

Die Bittage vor Himmelfahrt (litaniae minores) haben bereits einen christlichen Ursprung. Sie gehen zurück auf Bischof Mamertus von Lyon, der im Jahr 469 n. Chr. wegen besonders schwerer Heimsuchungen durch Erdbeben und Mißernten an den drei Tagen vor dem Fest Christi Himmelfahrt Bußprozessionen anordnete.

Es hängt mit dieser gallischen Tradition zusammen, daß im Bittgottesdienst und bei den Bittprozessionen von Ort zu Ort (ohne Allerheiligstes) die liturgische Farbe Violett getragen wird. Auch die typischen Bittlieder sind deutliche Zeugen dieser gallischen Bußtradition, wie in dem fränkischen Kirchenlied: »Groß ist die Not, die dann uns drücket, wenn Trank und Speise uns gebricht, wenn Gott zur Straf Mißjahre schicket und unsre Missetaten rügt.« Der folgende Anruf Marias »O bitt für uns, du beste Mutter, daß Gott abwende solche Not« hängt dagegen mit der römischen Tradition der Heiligenanrufung zusammen. An diesem Detail wird deutlich erkennbar, wie sich die römische und die gallische Tradition allmählich vermischt haben.

Im hohen Mittelalter vermischen sich sogar die Formen der Fronleichnams- und Bittprozessionen. Das typische Kennzeichen der

Bittprozession, die Vierzahl der Stationen, wird in die Fronleichnamsprozession übernommen, das typische Kennzeichen der Fronleichnamsprozession, das Tragen des Allerheiligsten, wird in die Bittprozession integriert.
Diese knapp skizzierte Geschichte der Bittprozessionen zeigt eine ständige Aktualisierungstendenz: Man christianisiert vorhandene Ortstraditionen, man reagiert auf aktuelle Nöte und Sorgen, man integriert Feierlichkeit und Eucharistiefrömmigkeit, wodurch der strenge Bußcharakter an Dominanz verliert. Kein Wunder, daß die Bittprozessionen zu beliebten Feiertagen der ländlichen Bevölkerung geworden sind. Die Zeiten sind vorbei, wo ganze Dörfer drei Tage lang die Arbeit niederlegten, Kinder schulfrei bekamen, aus Inbrunst die alten Bittlieder mit ihrem herben Bußcharakter sangen und anschließend in der Wirtschaft fröhlich feierten.
Heute werden die Bittprozessionen von Ort zu Ort meistens auf die Abendstunden verlegt. Die in vielen Dörfern noch beheimatete große Sakramentsprozession um die eigenen Fluren wird gewöhnlich am Sonntag vor Christi Himmelfahrt gehalten. Hier ist auch noch die Tradition mit den vier Stationen lebendig geblieben.
Ganz bewußt greifen wir auf diese Tradition zurück. Die vier Stationen geben uns die Möglichkeit, im Rahmen der Prozession ein bestimmtes Thema von verschiedenen Seiten zu beleuchten. Weil der Weg durch die Natur führt, bietet es sich an, aus dem Bilderbuch der Natur zu lernen, es schöpfungstheologisch zu interpretieren und auf die verschiedenen Lebensbereiche hin (Beruf, Gemeindeleben, Persönlichkeitsentwicklung) anzuwenden. Die Anliegen, die dabei zur Sprache kommen, werden vor allem in der alten und für die Bittprozession typischen Form der litania ins Gebet genommen.

# I. Prozessionen

## 1. Im Bilderbuch der Natur blättern

*Einleitung*
Die ersten lauen Maitage treiben die Städter aus ihren Häusern. Wenn die Bäume in Blüte stehen, wenn das Gras saftig grün wird, wenn die Bienen summen und die Vögel zwitschern, dann sind die Wanderwege wieder bevölkert. Dann spürt so mancher ganz überraschend, was für ein Paradies oft unmittelbar vor seiner Haustüre liegt.
Die Natur – ein schönes Bilderbuch. Wer es anschaut und durchblättert, wird bald spüren, daß in diesem Bilderbuch, wie in jedem guten Bilderbuch, tiefe Weisheiten verborgen sind. In den gewohnten Vorgängen spiegelt sich etwas vom Geheimnis des Lebens: wie etwas aufkeimt, aufblüht, wie es wächst und gedeiht, wie es Frucht ansetzt und bringt und wie es wieder abstirbt. Das Bilderbuch der Natur kann zu einem Lehrbuch des Lebens werden.
In der heutigen Flurprozession wollen wir einmal ein paar Seiten dieses Bilderbuches aufschlagen: an ein paar Stellen in unserer Flur stehenbleiben und bewußt hinschauen, um von der Natur etwas zu lernen.

### 1. Station: Ein Feld, das brachliegt

Vor 20 Jahren hätte es das nicht gegeben, daß ganze Landschaftsstriche brachliegen. Das ist eine Folge der Überproduktion. Durch die modernen Mittel in der Landwirtschaft ist es möglich geworden, Jahr für Jahr den Feldern Höchstleistungen abzuverlangen. Die erzielten Erträge liegen in den Wohlstandsländern weit über dem, was wirklich gebraucht wird. Ein Mittel, diese Überproduktion in den Griff zu bekommen, ist: Ackerflächen über Jahre stillzulegen.
Das ist aber nicht der eigentliche Sinn der Brache. Im Mittelalter war die Brache eine notwendige »Erholungszeit« für die Felder. Im jedem dritten Jahr wurden sie nicht bebaut. So konnten sie sich regenerieren.

*Die Natur ist ein Lehrbuch.* In der Brache wächst nichts. Nach außen ist die Brachzeit eine unfruchtbare Zeit. Aber tiefer gesehen, ist es eine Zeit, in der der Boden vor Ausbeutung und Überforderung geschützt wird.
Wenn wir sagen: »Bei mir oder bei andern liegt etwas brach« – dann heißt das in unseren Ohren: Der bleibt hinter seinen Möglichkeiten zurück. Der bringt nicht das, was er eigentlich könnte, der läßt eigene Fähigkeiten ungenutzt.
*Das Bilderbuch der Natur* deutet mir die Brache anders. Es sagt mir: Wenn du klug bist, hältst du deine Brachzeit ein. Das ist keine verlorene Zeit, sondern eine Zeit, in der du neue Kräfte sammeln kannst.
Wenn du kreativ sein möchtest, gute Ideen haben möchtest – dann brauchst du deine Brachzeit, in der du nichts denkst.
Wenn du auf Dauer ehrlich beten und nicht in die Routine abgleiten möchtest, dann brauchst du deine Brachzeit, in der du nicht betest.
Wenn du im Beruf Leistung und etwas zuwege bringen möchtest, dann brauchst du deine Brachzeit der Erholung, des Ausgleichs und der Abwechslung.

*Schrifttext: Das Sabbatjahr (Ex 23,10–12)*
Sechs Jahre kannst du in deinem Land säen und die Ernte einbringen; im siebten sollst du es brachliegen lassen und nicht bestellen. Die Armen in deinem Volk sollen davon essen, den Rest mögen die Tiere des Feldes fressen. Das gleiche sollst du mit deinem Weinberg und deinen Ölbäumen tun. Sechs Tage kannst du deine Arbeit verrichten, am siebten Tage aber sollst du ruhen, damit dein Rind und dein Esel ausruhen und der Sohn deiner Sklavin und der Fremde zu Atem kommen.

*Wechselgesang: GL 736 (Verse 3/4; 5/6; 10/11; 13/14; 15/16)*

## 2. Station: Ein Feld, auf dem Unkraut wächst

Ein Feld mit Unkraut ist kein Ruhmesblatt für einen Bauern. Darauf wird mit den Fingern gedeutet. Ein Bauer, der etwas auf sich hält, der hat unkrautfreie Felder. Aber eigentlich ist es das Natürlichste von der Welt: Wenn ich etwas säe, geht zusammen mit den

Nutzpflanzen auch Unkraut auf. Daran läßt sich nichts ändern. Es ist nur die Frage, wie ich es verhindern kann, daß das Unkraut überhand nimmt und die Entwicklung meines Samens beeinträchtigt.
*Die Natur ist ein Lehrbuch.* Wenn ich etwas anfange, muß ich mir im klaren darüber sein: Es wird auch Unkraut mit aufgehen. Es werden auch Störfaktoren eintreten, die mir ganz und gar nicht recht sind. Es werden Schwierigkeiten auftreten, die nicht kalkulierbar sind. Es werden sich Hindernisse einstellen, mit denen ich fertig werden muß.
*Das Bilderbuch der Natur sagt mir*: Eine gesunde Pflanze verträgt auch Unkraut neben sich. Laß dich nicht verrückt machen vom Unkraut, das sich mitten in deine Pläne und Unternehmungen mischt! Laß dich nicht verrückt machen von den Hindernissen, Schwierigkeiten und Störfaktoren, die dir Kraft und Raum wegnehmen!
Wenn du dich nur aufs Unkraut, also auf die Störfaktoren, konzentrierst, dann wirst du bald mutlos und hast Angst vor jedem Risiko. Wenn du das Unkraut neben dir ausrotten willst, dann stehst du in Gefahr, entweder radikal zu werden oder zu resignieren. Unterscheide deshalb genau, was für dich lebensbedrohlich ist und wogegen du wirklich ankämpfen und dich durchsetzen mußt – und was du gut verkraften kannst!

*Schrifttext: Wie mit dem Unkraut umgehen? (Mt 13,24–30)*

Und Jesus erzählte ihnen noch ein anderes Gleichnis: Mit dem Himmelreich ist es wie mit einem Mann, der guten Samen auf seinen Acker säte. Während nun die Leute schliefen, kam sein Feind, säte Unkraut unter den Weizen und ging wieder weg. Als die Saat aufging und sich die Ähren bildeten, kam auch das Unkraut zum Vorschein. Da gingen die Knechte zu dem Gutsherrn und sagten: Herr, hast du nicht guten Samen auf deinen Acker gesät? Woher kommt dann das Unkraut? Er antwortete: Das hat ein Feind von mir getan. Da sagten die Knechte zu ihm: Sollen wir gehen und es ausreißen? Er entgegnete: Nein, sonst reißt ihr zusammen mit dem Unkraut auch den Weizen aus. Laßt beides wachsen bis zur Ernte. Wenn dann die Zeit der Ernte da ist, werde ich den Arbeitern sagen: Sammelt zuerst das Unkraut und bindet es in Bündel, um es zu verbrennen; den Weizen aber bringt in meine Scheune.

*Wechselgesang: GL 739 (Verse 1/2; 3/5; 14/15; 16/19)*

## 3. Station: Obstbäume, die in Blüte stehen

»Kommt, Christen, kommt zu loben, der Mai ist froh erwacht; singt aus des Lobes Lieder in seine Blütenpracht ...« Wie dieses bayerische Marienlied – die Melodie stammt von Joseph Mohr – besingen viele kirchliche und weltliche Lieder die Blütenpracht des Monats Mai, der nicht umsonst der »Wonnemonat« genannt wird. Die Felder hüllen sich in Grün, die Obstbäume in Weiß. Die Vögel fangen wieder an, am frühen Morgen zu zwitschern; um die Blüten herum summen die Bienen. Ein süßer, schwerer Duft steigt einem in die Nase. Der Monat Mai – ein Fest für die Augen, die Nasen und die Ohren. Die Natur zeigt sich von ihrer schönsten Seite.

*Die Natur ist ein Lehrbuch.* Der Mai ist so schön, weil sich alles öffnet: die Blütenkelche der Blumen, die Knospen der Bäume. Mit ihrem feinen Duft ziehen sie die Bienen an und lassen sich befruchten.

*Das Bilderbuch der Natur sagt mir:* Nur wer sich öffnet und sich befruchten läßt, kann Frucht bringen. Befruchten kann ich mich nicht selber. Ich muß mich einem anderen öffnen. Aber jede Blüte kann nur mit dem Blütenstaub der eigenen Pflanzenart befruchtet werden. Befruchten kann mich nur das, was zu mir paßt. Also wähle aus! Nicht jeder Gedanke, nicht jeder Austausch wird für dich fruchtbar sein. Nicht jeder Mensch wird aus dir hervorlocken können, was wirklich in dir steckt. Er muß zu deiner Wesensart passen: Nur dann kann es zu einem wirklich »befruchtenden« Gespräch kommen.

*Schrifttext: Auf der Flur erscheinen die Blumen (Hld 2,10–15)*

Der Geliebte spricht zu mir: Steh auf, meine Freundin, meine Schöne, so komm doch! Denn vorbei ist der Winter, verrauscht der Regen. Auf der Flur erscheinen die Blumen; die Zeit zum Singen ist da. Die Stimme der Turteltaube ist zu hören in unserem Land. Am Feigenbaum reifen die ersten Früchte; die blühenden Reben duften. Steh auf, meine Freundin, meine Schöne, so komm doch! Meine Taube im Felsennest, versteckt an der Steilwand, dein Gesicht laß mich sehen, deine Stimme hören! Denn süß ist deine Stimme, lieblich dein Gesicht. Fangt uns die Füchse, die kleinen Füchse! Sie verwüsten die Weinberge, unsre blühenden Reben.

*Wechselgesang: GL 273,3.4*

## 4. Station: Der Regen, die Sonne, der Boden – und die Frucht

Menschen, die in der Natur tätig sind, für die ist es jedes Jahr von neuem spannend: Was wird aus dem werden, was ich gesät und gepflanzt habe? Sie wissen ganz genau: Was da auf der Samentüte abgebildet ist, das ist zwar der Idealtyp, aber in ihrem eigenen Garten wird diese Pflanze am Ende ganz anders ausfallen. Das Tütchen mit dem schönen Bild wird zwar oft eigens an das entsprechende Beet gesteckt, aber der kluge Gärtner weiß: Meine Pflanzen darf ich daran nicht messen. Je nach Wetterlage werden sie sich anders entwickeln. Im einen Jahr, wenn es viel regnet, da gibt es einfach große, fruchtige Erdbeeren. Sie schmecken ein bißchen wäßrig, aber dafür hat man gleich den Eimer voll. Im anderen Jahr, wenn der Regen auf sich warten läßt und dauernd die Sonne auf die Felder brennt, sind die Früchte putzig klein – aber süß!

*Die Natur ist ein Lehrbuch.* Sie führt mir vor Augen: Unter den Pflanzen gibt es keinen genormten Typ. Je nach Wetterlage, Standort und Pflege fällt ein und dieselbe Pflanzenart anders aus.

*Das Bilderbuch der Natur* sagt mir als Christen: Es gibt zwar den Idealtyp des gläubigen Menschen. Aber das ist nur ein Muster, das in der Wirklichkeit so nie vorkommt. Ein Mensch, der sich vom Bilderbuch der Natur etwas sagen läßt, der geht mit sich selbst so um wie ein guter Gärtner mit dem Musterbild auf der Samentüte. Er weiß, worum es geht, er hat das Ideal immer vor Augen, aber er wird sich doch nicht der Illusion hingeben, daß seine Pflanzen eine Kopie des Idealbildes werden. Er weiß vielmehr: Pflanzen wie Menschen sind in ihrer Entwicklung von der Großwetterlage und vom Boden abhängig. Die geistigen Strömungen der Zeit, die eigene Herkunft und Kultur, die psychische Verfassung, die einer mitbringt, das alles beeinflußt die Entwicklung eines Menschen, auch in seinem Glauben. Ein kluger Mensch, ein kluger Seelsorger, ein kluger geistlicher Berater wird sich und andere nicht dem Ideal anpassen wollen, sondern wird die wirklich vorliegende Situation für das geistliche Wachstum nach Kräften nutzbar machen. Er weiß, je nach der Zeitsituation, je nach der persönlichen Verfassung, gibt es größere und kleinere geistliche Früchte, große wäßrige und kleine süße – und er weiß: Gott hat für beides gesorgt.

*Schrifttext: Die Erde bringt von selbst ihre Frucht (Mk 4,26–29)*

Er sagte: Mit dem Reich Gottes ist es so, wie wenn ein Mann Samen auf seinen Acker sät; dann schläft er und steht wieder auf, es wird

Nacht und wird Tag, der Samen keimt und wächst, und der Mann weiß nicht, wie. Die Erde bringt von selbst ihre Frucht, zuerst den Halm, dann die Ähre, dann das volle Korn in der Ähre. Sobald aber die Frucht reif ist, legt er die Sichel an; denn die Zeit der Ernte ist da.

*Wechselgesang: GL 536 (Verse: GL 731,1/5; 11/12; 13/14; 15/16)*

# 2. Was mir die Farben sagen

*Einleitung*

*Varietas delectat* – Abwechslung erfreut, so sagt schon ein alter lateinischer Spruch. Immer dasselbe erzeugt stupiden Trott, führt zu Langeweile im Leben trotz Beschäftigtsein. Wenn der Alltag grau in grau verläuft, schlägt sich das auf die Stimmung. Jeder Mensch braucht in seinem Leben Farbtupfer. Er möchte einmal etwas anderes sehen, braucht manchmal einen Tapetenwechsel. Oft steckt hinter dem Kauf eines neuen Kleides oder eines neuen Anzugs kein anderer Grund.

Die Natur ist wunderbar eingerichtet. Wie gut, daß sie sich nach grauen Wintertagen im Frühjahr in Licht und Farben darstellt! Da zieht sich die Natur alle paar Wochen ein neues Kleid an, zeigt sich in einer neuen Farbe. Wie oft bewundern wir die Farbschattierungen der Felder und Wälder. Bei unserer diesjährigen Flurprozession wollen wir einmal nichts anderes tun, als über die vorherrschenden vier Farben des Frühlings nachzudenken: braun, grün, weiß, blau. Und wir wollen uns fragen: Was möchte mir Gott sagen, vermittelt durch diese Farben der Natur?

*Lied: Welche Farbe hat die Welt?*

Die Kinder vom Kindergarten könnten als thematisches Lied »Eines Tages ging ich zu meinem Vater« (Materialteil S. 191) singen und mit bunten Tüchern die jeweils besungenen Farben anzeigen.

## 1. Station: Die Farbe Braun

Die Erde ist braun. Dreck, sagen wir. Aber ein Bauer weiß, was alles drin ist in diesem Dreck. Er weiß von den Mineralien, die fürs Wachstum förderlich sind. Die braune Erde ist die Voraussetzung dafür, daß Leben entstehen kann. Sie ist bereit, den Samen aufzunehmen, ihn zu beherbergen, ihn keimen und wachsen zu lassen; sie gibt ihm Zeit zum Reifen, und sie gibt ihn – in Frucht verwandelt – wieder an den Sämann zurück.

Die Farbe Braun, an der Erde abgelesen, stellt mir wichtige Grunddimensionen des Lebens vor Augen: Aufnahmebereitschaft, Lebensförderung und Hergebenkönnen.

*Schrifttext: Wie Gott die Erde zum Keimen und Sprossen bringt (Jes 55,8–13)*

Meine Gedanken sind nicht eure Gedanken, und eure Wege sind nicht meine Wege – Spruch des Herrn. So hoch der Himmel über der Erde ist, so hoch erhaben sind meine Wege über eure Wege und meine Gedanken über eure Gedanken. Denn wie der Regen und der Schnee vom Himmel fällt und nicht dorthin zurückkehrt, sondern die Erde tränkt und sie zum Keimen und Sprossen bringt, wie es dem Sämann Samen gibt und Brot zum Essen, so ist es auch mit dem Wort, das meinen Mund verläßt: Es kehrt nicht leer zu mir zurück, sondern bewirkt, was ich will, und erreicht all das, wozu ich es ausgesandt habe. Voll Freude werdet ihr fortziehen, wohlbehalten kehrt ihr zurück. Berge und Hügel brechen bei eurem Anblick in Jubel aus, alle Bäume auf dem Feld klatschen Beifall. Statt Dornen wachsen Zypressen, statt Brennesseln Myrten. Das geschieht zum Ruhme des Herrn als ein ewiges Zeichen, das niemals getilgt wird.

*Gebet*

Gott,
du hast uns Begabungen eingepflanzt.
Wir dürfen sie entwickeln.
Du hast uns aufnahmefähig gemacht durch unsere Sinne.
Wir können Worte über unser Gehör aufnehmen und sie überdenken.
Wir sind darauf angewiesen, Gutes zu empfangen,
und andere hoffen darauf, daß auch wir Güte und Wärme austeilen.
Mach uns zu Menschen, die im guten Sinn nehmen und geben können.

## 2. Station: Die Farbe Grün

Im Frühjahr schmückt sich die Erde mit Farben. Allmählich setzt sich die Farbe Grün als vorherrschende Farbe in der freien Natur durch. Die Frühlingslieder, wir singen sie gerne: »Komm, lieber Mai, und mache die Bäume wieder grün!«, »Ich geh' durch einen grasgrünen Wald«, »Der Mai ist gekommen«. Und wer sich länger in einem Land wie Israel, Syrien oder Jordanien aufgehalten hat, der weiß, welch großer Augenblick es ist, daheim in Nordeuropa wieder einmal sattes, frisches Grün sehen zu können. Die Farbe

Grün ist ein Zeichen dafür, daß Leben in Saft und Kraft steht. Sie ist ein Zeichen der Hoffnung und des Lebens. Sie ist ein Zeichen, daß das Leben über den Tod siegt.

*Schrifttext: Ihr sollt wieder grün werden (Ez 36,8–11)*
Ihr aber, ihr Berge Israels, sollt wieder grün werden und Früchte hervorbringen für mein Volk Israel; denn es wird bald zurückkommen. Seht, ich wende mich euch wieder zu, und dann ackert und sät man wieder auf euch, und ich lasse viele Menschen dort leben, das ganze Haus Israel. Die Städte werden wieder bewohnt sein und die Ruinen aufgebaut. Ich lasse viele Menschen und Tiere auf euch leben, und sie werden sich vermehren und fruchtbar sein. Ich will dafür sorgen, daß ihr wieder bewohnt seid, wie ihr es früher wart; ich will euch mehr Gutes erweisen als je zuvor. Dann werdet ihr erkennen, daß ich der Herr bin.

*Gebet um Hoffnung (GL 4,3)*

## 3. Station: Die Farbe Weiss

Demjenigen, der im Frühjahr durch unsere Gegenden fährt oder wandert, zeigen die Obstbäume ihre Blütenpracht.
Die Farbe Weiß ist eine dezente, feierliche Farbe. Sie stellt im Frühjahr einen Höhepunkt dar. Wir wissen alle, daß diese weißen Blüten zart sind, daß sie keinen Frost vertragen und keinen scharfen Wind. Daß sie ein mildes Klima brauchen und einen Schutz. Was schön ist und was erfreut, das ist einfach sehr anfällig. Das kann mit einem Schlag zerplatzen.
Die Farbe Weiß in der Natur erinnert uns an Feste des eigenen Lebens, an Höhepunkte, an Momente, in denen wir die Freude am Leben in vollen Zügen genießen durften; an Augenblicke, in denen wir spürten: Das Leben ist einfach schön.
Aber auch von diesen Glücksstunden des Lebens wissen wir, wie zart sie sind, wie schnell sie vergehen oder einfach platzen können.

*Schrifttext: Trag jederzeit weiße Kleider (Koh 9,7–10)*
Also: Iß freudig dein Brot und trink vergnügt deinen Wein; denn das, was du tust, hat Gott also längst festgelegt, wie es ihm gefiel.

Trag jederzeit weiße Kleider, und nie fehle duftendes Öl auf deinem Haupt. Mit einer Frau, die du liebst, genieße das Leben alle Tage deines Lebens voll Windhauch, die er dir unter der Sonne geschenkt hat, alle deine Tage voll Windhauch. Denn das ist dein Anteil am Leben und an dem Besitz, für den du dich unter der Sonne anstrengst. Alles, was deine Hand, solange du Kraft hast, zu tun vorfindet, das tu! Denn es gibt weder Tun noch Rechnen noch Können noch Wissen in der Unterwelt, zu der du unterwegs bist.

*Gebet*

Herr, unser Gott,
du kennst unsere Sehnsucht nach Glück,
du kennst unseren Hunger nach Freude im Leben.
Du weißt, daß wir immer wieder Stunden brauchen,
die den Alltag überragen.
So sehr wir diese Stunden brauchen,
so sehr sind wir uns bewußt,
daß sie nicht machbar sind.
Vielmehr sind sie geschenkte Zeit.
Schenke uns immer wieder Augenblicke,
in denen wir aufatmen und feiern können,
in denen wir tief die Freude am Leben spüren,
in denen uns die Gemeinschaft mit Menschen beglückt.
Laß sie für uns ein Vorgeschmack dafür sein,
was uns beim großen Fest der Begegnung mit dir einmal erwartet.

## 4. Station: Die Farbe Blau

Typisch für unser bayerisches Wappen sind die Farben Weiß und Blau. Im Bayernlied singen wir: »Gott erhalte dir die Farben deines Himmels Weiß und Blau«. Blau, das ist die Farbe des Himmels, das ist die Farbe, bei der wir an Gott und an Religion denken. Alle anderen Farben, die im Frühjahr in der Natur vorkommen, sind vom Blau des Himmels überspannt. Das Blau des Himmels wird somit zum Symbol dafür, daß ein anderer über mir seine Hand hält.

*Schrifttext: Die Himmel rühmen die Herrlichkeit Gottes (Ps 19,2–7)*

Die Himmel rühmen die Herrlichkeit Gottes, vom Werk seiner Hände kündet das Firmament. Ein Tag sagt es dem andern, eine

Nacht tut es der andern kund, ohne Worte und ohne Reden, unhörbar bleibt ihre Stimme. Doch ihre Botschaft geht in die ganze Welt hinaus, ihre Kunde bis zu den Enden der Erde. Dort hat er der Sonne ein Zelt gebaut. Sie tritt aus ihrem Gemach hervor wie ein Bräutigam; sie frohlockt wie ein Held und läuft ihre Bahn. Am einen Ende des Himmels geht sie auf und läuft bis ans andere Ende; nichts kann sich vor ihrer Glut verbergen.

*Gebet: GL 290*

(Vorschlag: abwechselnd beten zwischen ProzessionsteilnehmerInnen vor dem Allerheiligsten und hinter dem Allerheiligsten)

# 3. Die Früchte der Erde, der Hände, des Geistes und des Lebens

*Einleitung*

Um sicher zu gehen, daß ein Brief vertraulich behandelt wird, schreiben wir: *z.H.v.* oder *zu treuen Händen.* Das heißt soviel wie: Ich vertraue darauf, daß du damit verantwortungsvoll umgehen wirst.

Auf der ersten Seite der Bibel steht ein ähnliches *zu treuen Händen:* Gott vertraut dem Menschen die Erde an. Auf der letzten Seite der Bibel stellt Gott als Zukunft vor Augen, daß er am Ende der Zeit die Erde wieder in seine eigenen Hände nehmen wird. Bis zu diesem Tag ist sie uns Menschen anvertraut, uns in die Hände gegeben. Wir können über sie verfügen – und doch gehört sie nicht uns. Sie ist uns geliehen als ein wertvolles Geschenk.

Um die Fähigkeit, mit diesem Geschenk richtig und verantwortungsvoll umzugehen, bitten wir bei unserer Bittprozession.

*Wechselgesang: Ps 104 (GL 744)*

## 1. Station: Die Früchte der Erde

*Schrifttext: Der Mensch als Sachwalter Gottes (Gen 1,27–29)*

Gott schuf also den Menschen als sein Abbild; als Abbild Gottes schuf er ihn. Als Mann und Frau schuf er sie. Gott segnete sie, und Gott sprach zu ihnen: Seid fruchtbar, und vermehrt euch, bevölkert die Erde, unterwerft sie euch, und herrscht über die Fische des Meeres, über die Vögel des Himmels und über alle Tiere, die sich auf dem Land regen. Dann sprach Gott: Hiermit übergebe ich euch alle Pflanzen auf der ganzen Erde, die Samen tragen, und alle Bäume mit samenhaltigen Früchten. Euch sollen sie zur Nahrung dienen.

*Gebet (evtl. von einem Landwirt gesprochen)*

Herr, unser Gott, du Schöpfer der Welt.
Du hast uns deine Erde als Lebensraum anvertraut.
Auf ihr stehen wir.

Immer sind wir mit ihr in Berührung.
Sie ist unsere Lebensgrundlage.
Mit ihr sind wir verwachsen.
Nach unserem Tod werden wir wieder ein Teil von ihr.
Gott, du Schöpfer der Welt,
du hast deine Erde wunderbar eingerichtet.
Denn sie stellt alles zur Verfügung und bringt alles hervor,
was wir Menschen zum Leben brauchen.
Wir bebauen dein großes Wunderwerk
und gestehen als Menschen zugleich unsere Ohnmacht und unsere Schuld ein.
Wir sind dabei, deine Erde zugrunde zu richten:
durch Unüberlegtheit, durch Bequemlichkeit.
Hilf uns, Wege zu finden und zu gehen,
die der Gesundung unserer Erde zugute kommen.
Hilf uns,
mit unseren Mitteln,
an unserem Platz,
ernst damit zu machen,
daß wir nur ein Teil dieser Erde sind
und Verantwortung für die Generationen nach uns tragen.
Wir sind nicht Herr über das Leben,
wir können nur bebauen und pflegen,
was du uns als Gaben und Früchte der Erde schenkst.
So bitten wir dich:
Laß die Früchte der Erde gedeihen zur Freude unserer Augen,
zum Verdienst unserer Bauern und Gärtner
und zum Wohl aller, die sie verzehren.
Daß du die Früchte der Erde geben, segnen und erhalten wollest ...

## 2. Station: Früchte der Hände und des Geistes

*Schrifttext: Das vollendete Werk (Gen 2,1–3)*
So wurden Himmel und Erde vollendet und ihr ganzes Gefüge. Am siebten Tage vollendete Gott das Werk, das er geschaffen hatte, und er ruhte am siebten Tag, nachdem er sein ganzes Werk vollbracht hatte. Und Gott segnete den siebten Tag und erklärte ihn für heilig; denn an ihm ruhte Gott, nachdem er das ganze Werk der Schöpfung vollendet hatte.

*Gebet (von einem Handwerker und/oder einem Lehrer gesprochen)*

Herr, unser Gott, du Schöpfer der Welt.
Du hast dem Menschen die Kräfte des Körpers und die Schärfe des Geistes gegeben.
Mit ihnen kann er Leben und Welt mitgestalten
und entscheidend prägen.
Sie geben uns die Möglichkeit, uns zu entfalten.
Sie sind ausschlaggebend dafür, ob wir Freude und Sinn im Leben finden.
Durch die Vielfalt der Begabungen bleibt die Vielfalt deiner Schöpfung erhalten.
Mit unserer Hände und des Geistes Arbeit sichern wir unseren Lebensunterhalt
und bringen Kultur hervor.
Gib uns das Gespür für das richtige Maß von Arbeit und Erholung,
das uns davor bewahrt,
zu gehetzten Sklaven der Arbeit
oder zu süchtigen Genießern zu werden.
Laß uns über den Erfolg unserer Mühe und Arbeit freuen können.
Schenke den geistig Schaffenden das Glücksmoment des guten Einfalls.
Gib den Menschen, die durch ihrer Hände Arbeit diese Welt gestalten,
Freude am gelungenen Werk.
Erfülle beide Gruppen mit dem Wissen darum,
daß sie sich gegenseitig brauchen und beschenken.
Daß du die Früchte der Hände und des Geistes geben, segnen und erhalten wollest ...

## 3. Station: Früchte des Lebens

*Schrifttext: Es war sehr gut (Gen 1,30–31)*

Allen Tieren des Feldes, allen Vögeln des Himmels und allem was sich auf der Erde regt, was Lebensatem in sich hat, gebe ich alle grünen Pflanzen zur Nahrung. So geschah es. Gott sah alles an, was er gemacht hatte: Es war sehr gut. Es wurde Abend, und es wurde Morgen: der sechste Tag.

*Gebet (von einem alten Menschen gesprochen)*
Herr, unser Gott, du Schöpfer der Welt.
Am Ende des Schöpfungsliedes sprichst du das Wort:
»*Und siehe, es war alles sehr gut.*«
Wir bitten dich inständig:
Schenk uns die Gnade,
daß wir einmal ähnlich fühlen dürfen,
wenn wir auf unser Leben zurückschauen.
Laß uns spüren dürfen:
Worum ich mich im Leben gemüht habe, war gut gemeint.
Wofür ich mich eingesetzt habe, war sinnvoll.
Mit unseren Worten und Taten säen wir ein Leben lang.
Wenn wir die Ernte unseres Lebens einzubringen haben,
laß uns nicht mit leeren Händen dastehen.
Laß unsere Mühen,
unseren Schweiß,
unsere Sorgen und Leiden
denen, die mit uns und noch nach uns leben,
zugute kommen.
Sprich du auch einmal über mein Leben
– wie über deine Schöpfung –
dein großes »*Und siehe, es war sehr gut*«.
Und laß mich dann in dein Leben eingehen.
Daß du uns die Früchte des Lebens geben, segnen und erhalten wollest ...

# 4. Grundnahrungsmittel

*Einleitung*

»Was kochen wir denn heute?« Die berühmte Jammerfrage der Hausfrau. »Gestern haben wir erst Kartoffeln gehabt. Und Schweinefleisch kann ich heute auch nicht schon wieder auf den Tisch stellen. Aber Rindergulasch hatten wir erst am Sonntag. Also, es ist schon schlimm: Die Regale und Metzgerläden sind voll mit Leckerbissen, und oft weiß man gar nicht mehr, worauf man eigentlich Lust hat.«

Bis vor etwa 30 Jahren gab es bei uns diese Probleme nicht. Und im Orient ist der Tisch der einfachen Leute bis heute fast genauso schlicht gedeckt wie vor 2000 Jahren. Da liegen Brotfladen, da steht ein großer Krug mit frischem Wasser, ein kleinerer Tonkrug mit billigem Wein und ein Schälchen mit Oliven. Das sind die Grundnahrungsmittel des Alltags: Wasser, Brot, Wein und Öl.

Das ist auch die Welt der Bibel. Wie oft wird von diesen vier Tischgaben gesprochen. Bei diesem Bittgang wollen wir an Hand dieser vier Grundnahrungsmittel darüber nachdenken, was für uns im Leben wichtig ist.

## 1. Station: Wasser

»Alles Leben kommt aus dem Wasser«, sagte einer der frühesten griechischen Philosophen, Thales aus Milet. Auch das biblische Schöpfungslied beginnt damit, daß im Uranfang der Geist Gottes über dem Wasser schwebt. Tatsächlich steht für die moderne Wissenschaft fest: Das Leben hat im Meer begonnen und sich aus kleinen Zellen nach und nach entwickelt. Auch am Anfang jedes menschlichen Lebens steht das Wasser: Der Embryo schwimmt im Mutterleib im Fruchtwasser. Und auch unser menschlicher Körper besteht zum größten Teil aus Wasser.

Das ist eine urmenschliche Erfahrung: Ohne Wasser kein Leben. Kein Wunder, daß das Paradies nach der Bibel von vier großen Strömen umflossen wird. Und doch ist das Wasser äußerlich etwas erstaunlich Einfaches: geschmacklos und ohne besondere Farbtönung. Deswegen wird uns kaum bewußt, wie oft wir am Tag dieses Wasser brauchen: zum Waschen, als Kaffeewasser, wir gießen die Blumen, schalten die Waschmaschine ein, putzen die Fenster, springen ins Bassin.

Wasser ist ein Segen für die Welt: Es erfrischt, es macht sauber, es ist schlicht, klar, es trägt, es bringt Leben und sucht Wege. Und ich denke mir: Wenn Menschen von diesen Eigenschaften des Wassers lernen, kann es zum Segen für die andern werden.

*Schrifttext: Das lebenspendende und heilende Wasser (Ez 47,1–9)*

Dann führte er mich zum Eingang des Tempels zurück, und ich sah, wie unter der Tempelschwelle Wasser hervorströmte und nach Osten floß; denn die vordere Seite des Tempels schaute nach Osten. Das Wasser floß unterhalb der rechten Seite des Tempels herab, südlich vom Altar. Dann führte er mich durch das Nordtor hinaus und ließ mich außen herum zum äußeren Osttor gehen. Und ich sah das Wasser an der Südseite hervorrieseln. Der Mann ging nach Osten hinaus, mit der Meßschnur in der Hand, maß tausend Ellen ab und ließ mich durch das Wasser gehen; das Wasser reichte mir bis an die Knöchel. Dann maß er wieder tausend Ellen ab und ließ mich durch das Wasser gehen; das Wasser reichte mir bis zu den Knien. Darauf maß er wieder tausend Ellen ab und ließ mich hindurchgehen; das Wasser ging mir bis an die Hüften. Und er maß noch einmal tausend Ellen ab. Da war es ein Fluß, den ich nicht mehr durchschreiten konnte; denn das Wasser war tief, ein Wasser, das man durchschwimmen mußte, ein Fluß, den man nicht mehr durchschreiten konnte. Dann fragte er mich: Hast du es gesehen, Menschensohn? Darauf führte er mich zurück, am Ufer des Flusses entlang. Als ich zurückging, sah ich an beiden Ufern des Flusses sehr viele Bäume. Er sagte zu mir: Dieses Wasser fließt in den östlichen Bezirk, es strömt in die Araba hinab und läuft in das Meer, in das Meer mit dem salzigen Wasser. So wird das salzige Wasser gesund. Wohin der Fluß gelangt, da werden alle Lebewesen, alles was sich regt, leben können, und sehr viele Fische wird es geben. Weil dieses Wasser dort hinkommt, werden (die Fluten) gesund; wohin der Fluß kommt, dort bleibt alles am Leben.

*Gebet aus Asien*

Herr, ich will sein wie das Wasser,
das sich in den Flüssen bewegt,
die Felder befruchtet und überall Leben bringt.

Herr, ich will sein wie das Wasser,
das jeden Schmutz abwäscht,
erfrischt und wieder munter macht.

Herr, ich will sein wie das Wasser,
das die vielen Boote trägt
mit den Menschen und ihren Lasten,
um die Fahrt durchs Leben zu erleichtern.

Herr, ich will sein wie das Wasser,
das der Richtung folgt,
die Gott ihm wies,
das unbeirrbar seinen Weg geht,
auch über Hindernisse hinweg.

## 2. Station: Brot

Beim Brot haben wir noch eher das Gefühl, daß es ein Grundnahrungsmittel ist. In vielen Häusern hängt ein Wandteller mit der Vaterunserbitte »Unser tägliches Brot gib uns heute!« Viele Sprichwörter kreisen um das Brot, und bis heute sagt man: »sein Brot verdienen«. Ähnlich wie das Wasser ist auch das Brot vom Geschmack her unaufdringlich. An Brot kann man sich nicht »sattessen«. Aber irgendwie haftet ihm die Erdenschwere an. In jedem Brot steckt die Mühe der menschlichen Arbeit. Das schmeckt man ihm an. Das ist das Kernige am Brot.
Brot zeigt mir, daß mir nicht alles einfach so zufliegt, daß die Erde kein Schlaraffenland ist. Aber Brot zeigt mir auch, daß Mühe, Schweiß und Anstrengung, immer wieder an etwas zu arbeiten, den kernigen Geschmack ins Leben bringen.

*Schrifttext: Brot und Schweiß (Gen 3,17–19)*
Zu Adam sprach er: Weil du auf deine Frau gehört und von dem Baum gegessen hast, von dem zu essen ich dir verboten hatte: So ist verflucht der Ackerboden deinetwegen. Unter Mühsal wirst du von ihm essen alle Tage deines Lebens. Dornen und Disteln läßt er dir wachsen, und die Pflanzen des Feldes mußt du essen. Im Schweiße deines Angesichts sollst du dein Brot essen, bis du zurückkehrst zum Ackerboden; von dem du genommen. Denn Staub bist du, zum Staub mußt du zurück.

*Gebet: GL 183 (abwechselnd beten zwischen Vorbeter und allen)*

## 3. Station: Öl

Charakteristisch für die Vegetation des Mittelmeerraums ist der Ölbaum mit seinem knorrigen Stamm und den unseren Weiden ähnlichen silberfarbigen Blättern. Der Ölbaum ist ein zähes Gewächs, weil er immer wieder Wurzelschößlinge austreibt und auf diese Weise uralt wird. Nur alle zwei Jahre kann man die grünen bis tiefschwarzen Oliven ernten.
Der Ölbaum ist geachtet, weil seine Früchte so vielseitig verwendet werden können: Nicht nur als Fett in der Küche; Öl lindert Schmerzen, heilt Wunden, stärkt müde Glieder, kühlt die Haut. In Griechenland machen Athleten ihre Haut mit Öl geschmeidig; mit Essenzen versetzt, wird es bei Festmählern als duftendes Freudenöl verwendet. Die Olive liefert auch den wichtigsten Brennstoff für die Öllampen. Schon in alten heidnischen Religionen wurde dem Öl göttliche Kraft zugeschrieben. Die Neugeborenen wurden mit Öl eingerieben, um sie fürs Leben zu stärken, und die Sterbenden wurden mit geheiligtem Öl gesalbt, um in Frieden sterben zu können.
Öl umschließt das Leben des ganzen Menschen: Es stärkt, es schützt, es macht wieder heil.
In einer altchristlichen Schrift aus dem frühen 3. Jahrhundert heißt es in einem Gebet, das bei der Salbung mit Öl gesprochen wird:
Heiliges Öl, das uns zur Heiligung gegeben ist,
du bist der Ausdehner der gekrümmten Glieder,
du bist der Demütiger der harten Werke,
du bist der Sproß der Güte,
Merkzeichen und Freude der Müden,
du zeigst denen das Licht an, die in der Finsternis sind.

(nach den apokryphen Thomasakten, Kap. 121)

*Schrifttext: Die Salbung mit Öl (Jak 5,13–16)*

Ist einer von euch bedrückt? Dann soll er beten. Ist einer fröhlich? Dann soll er ein Loblied singen. Ist einer von euch krank? Dann rufe er die Ältesten der Gemeinde zu sich; sie sollen Gebete über ihn sprechen und ihn im Namen des Herrn mit Öl salben. Das gläubige Gebet wird den Kranken retten, und der Herr wird ihn aufrichten; wenn er Sünden begangen hat, werden sie ihm vergeben. Darum bekennt einander euere Sünden, und betet füreinander, damit ihr geheilt werdet. Viel vermag das inständige Gebet eines Gerechten.

*Litanei*

Du Gott des Lebens,
wir bitten dich für die Kranken, die wir kennen,
für die Kranken, um die wir uns Sorgen machen,
und besonders für die Kranken, für die wir Sorge tragen.
V: Tröste und stärke sie.
A: Tröste und stärke sie.
In ihrer Krankheit ...
In ihrer Ohnmacht ...
In ihren Schmerzen ...
In ihrer Angst ...
In ihrer Niedergeschlagenheit ...
In ihren Fragen ...
In ihren schlaflosen Nächten ...
In ihrer Ungeduld ...
In ihrem Aufbäumen und Aufbegehren ...
V: Wir bitten dich: Sei ihnen nahe!
A: Sei ihnen nahe!
In ihren Gebeten ...
In ihren Angehörigen ...
In den Schwestern und Ärzten, die sie pflegen ...
Im unverhofften Besuch ...
In Stunden, in denen sie neue Hoffnung schöpfen ...
In den kleinen Abwechslungen des Krankenzimmers ...
In guten Erinnerungen ...

## 4. Station: Wein

Während Wasser und Brot reine Grundnahrungsmittel sind, sind Öl und Wein schon festlichere Zugaben. Wein ist nicht nur ein Trank zum Durstlöschen. Wein will genossen sein. Er duftet, er hat Kraft in sich, er hat eine goldene Farbe, er wird in einem edleren Glas kredenzt. Im Gegensatz zum Islam, der Wein als Teufelszeug verbietet, hält die Bibel daran fest: Wein schmeckt nicht nur gut und gibt Kraft, er läßt wegen seiner Wirkung auch vieles in einem anderen Licht erscheinen, er weitet den Horizont, er hilft, manches nicht so eng zu sehen. Deshalb der biblische Rat: »Gebt Wein den Seelenbetrübten!« (Spr 31,6).
Nach der Bibel darf der Mensch im Wein schon etwas von der endgültigen Heilszeit kosten. In der Vorstellung eines biblischen Menschen darf dieses Getränk beim großen Festmahl mit Gott nicht fehlen.

*Schrifttext: Das große Festmahl (Jes 25,6–8)*

Der Herr der Heere wird auf diesem Berg für alle Völker ein Festmahl geben mit den feinsten Speisen, ein Gelage mit erlesenen Weinen, mit den besten und feinsten Speisen, mit besten, erlesenen Weinen. Er zerreißt auf diesem Berg die Hülle, die alle Nationen verhüllt, und die Decke, die alle Völker bedeckt. Er beseitigt den Tod für immer. Gott, der Herr, wischt die Tränen ab von jedem Gesicht. Auf der ganzen Erde nimmt er von seinem Volk die Schande hinweg. Ja, der Herr hat gesprochen.

*Gebet: GL 272 (singen oder zwischen Vorbeter und allen beten)*

# 5. Leben in Gegensätzen

*Lied: Wie groß ist Gottes Liebe?*
Vom Kindergarten gesungen; vgl. Materialteil S. 190.

*Einleitung*
Harmonie wird in unserer Zeit großgeschrieben. Wir fühlen uns wohl, wenn es harmonisch zugeht, wenn sich alle gut vertragen. Wir sind glücklich, wenn wir ausgeglichen sind und in uns selbst Harmonie spüren. Es tut unserem Auge gut, wenn wir eine Wohnung betreten und spüren: Da ist alles Ton in Ton. Möbel, Tapeten, Teppiche, Bilder sind aufeinander gut abgestimmt. »Das paßt aber gut zusammen«, sagen wir, wenn Hose, Hemd, Jackett und Krawatte farblich ineinanderfließen.
Wir gehen heute bei der Bittprozession wieder durch die Natur. Auch sie stellt uns ihre Farbenkollektion vor: das schreiende Gelb der Rapsfelder neben dem saftigen Grün der Wiesen. Das zarte Rosé der Apfelblüten neben dem Blau des Himmels. Von Ton in Ton ist da wenig zu spüren. Gegensätze beherrschen das Bild in der Natur. Nicht nur in ihrer Farbenwelt. Hohe Berge und tiefe Täler gehören zusammen. Tag und Nacht reichen sich die Hand. Zum Leben gehören die Geburt und der Tod. Zu unserer Gefühlswelt gehören Liebe und Haß, Zuneigung und Ablehnung.
Die Natur zeigt uns ein Leben in Gegensätzen. Leben käme zum Stillstand, wenn die Gegensätze aufhörten. Leben verkäme zur Monotonie, wenn es die Extreme nicht gäbe. Gegensätze machen das Leben spannend und bringen Leben weiter.
In dieser Prozession wollen wir einmal über zwei gängige Gegensatzpaare nachdenken, die unseren Alltag bestimmen: alles aus Gewohnheit tun und Neues wagen; sich Ruhe gönnen und sich fordern.

## 1. Station: Alles aus Gewohnheit tun

Was wäre, wenn ich nicht meinen gewohnten Tagesablauf hätte und mir jeden Morgen beim Aufstehen neu überlegen müßte: Wie fange ich heute an? Was wäre, wenn ich nicht die gewohnten Grußformeln zur Hand hätte und mir bei jeder Begegnung neu überlegen

müßte: Wie fange ich jetzt das Gespräch mit ihr an? Was wäre, wenn nicht jeder seinen gewohnten Platz am Tisch hätte und wir täglich ausknobeln müßten, wer wo sitzen darf? Was wäre, wenn es nicht feste Sonntagsrituale gäbe und wir jede Woche lange Familienkonferenzen halten müßten, wie der Tag eingeteilt werden soll? Was wäre, wenn nicht der Ablauf des Gottesdienstes festgelegt wäre und die Gemeinden Woche für Woche überlegen müßten: Wie bauen wir unseren Sonntagsgottesdienst heute auf?
Gewohnheiten können entlasten. Gewohnheiten können wie ein Geländer sein, an dem ich mich entlanghanteln kann. Gewohnheiten wirken verbindend zwischen unterschiedlich denkenden und fühlenden Menschen. Gewohnheiten geben Sicherheit. Gewohnheiten machen handlungsfähig: Sie erleichtern den Einstieg in ein Gespräch, in einen Tag. Sie bringen etwas in Gang und regeln den Ablauf.

*Schrifttext: ... wie gewohnt ... (Lk 4,16–20a)*

So kam er auch nach Nazaret, wo er aufgewachsen war, und ging, wie gewohnt, am Sabbat in die Synagoge. Als er aufstand, um aus der Schrift vorzulesen, reichte man ihm das Buch des Propheten Jesaja. Er schlug das Buch auf und fand die Stelle, wo es heißt: Der Geist des Herrn ruht auf mir; denn der Herr hat mich gesalbt. Er hat mich gesandt, damit ich den Armen eine gute Nachricht bringe; damit ich den Gefangenen die Entlassung verkünde und den Blinden das Augenlicht; damit ich die Zerschlagenen in Freiheit setze und ein Gnadenjahr des Herrn ausrufe. Dann schloß er das Buch, gab es dem Synagogenvorsteher und setzte sich.

*Gebet*

Schöpfer der Welt,
du hast deiner Schöpfung einen Rhythmus eingepflanzt.
Im gleichen Rhythmus umkreist unsere Erde die Sonne.
Im gleichen Rhythmus nimmt der Mond zu und ab.
Es gibt den Rhythmus der Jahreszeiten,
den Rhythmus von Tag und Nacht.
Du hast auch unserem Leib einen Rhythmus gegeben.
Im Rhythmus verlangt unser Körper nach Schlaf und nach Nahrung.
Laß uns sensibel dafür sein,
welchen Rhythmus du uns persönlich auf den Leib geschrieben hast.

Laß uns im Einklang mit ihm leben
und so ein Leben führen dürfen,
das umfangen ist von Ruhe, Gelassenheit
und einem Gefühl der Sicherheit.

## 2. Station: Neues wagen

Kardinal Ottaviani, die graue Eminenz des konservativen Lagers auf dem Vaticanum II, hatte als Wahlspruch zwei lateinische Worte: *Semper idem* – Immer das gleiche. Es stimmt: Gewohnheit und Routine sind entlastend, verbindend und geben Sicherheit. Wer aber die Gewohnheit zum Prinzip erhebt, der wird schnell phantasielos, der verknöchert, der erdrückt andere und verbreitet die Atmosphäre von Langeweile und öder Routine. Wer die Gewohnheit zum Prinzip erhebt, untergräbt jegliche Kreativität und die Möglichkeit zur Veränderung. Der verhindert, daß sich Entwicklungen ergeben und Neues entsteht.

Nach dem Zeugnis der Bibel ist Gott immer aufgeschlossen für Neues. »Seht, ich mache alles neu.« Die Bibel ist voll davon, wie Gott Menschen auf ganz neue Wege führt, mit neuen Situationen konfrontiert und überraschend eingreift. Was an Jesus manchem bis heute aufstößt ist, daß er mit alten Konventionen gebrochen hat. Einer seiner Wahlsprüche lautet: »Neuer Wein in neue Schläuche!«

Wer Neues wagt, geht immer ein Risiko ein. Der muß immer mit Gegnern rechnen. Und wenn es danebengeht, muß er mit dem altklugen Satz rechnen: »Ich hab's doch schon immer gesagt!« Aber wer Neues wagt, der bringt bei sich und bei anderen etwas in Bewegung, für den bleibt das Leben spannend.

*Schrifttext: Neuer Wein in neue Schläuche! (Mk 2,18–22)*

Da die Jünger des Johannes und die Pharisäer zu fasten pflegten, kamen Leute zu Jesus und sagten: Warum fasten deine Jünger nicht, während die Jünger des Johannes und die Jünger der Pharisäer fasten? Jesus antwortete ihnen: Können denn die Hochzeitsgäste fasten, solange der Bräutigam bei ihnen ist? Solange der Bräutigam bei ihnen ist, können sie nicht fasten. Es werden aber Tage kommen, da wird ihnen der Bräutigam genommen sein; an jenem Tag werden sie fasten.

Niemand näht ein Stück neuen Stoff auf ein altes Kleid; denn der neue Stoff reißt doch vom alten Kleid ab, und es entsteht ein noch größerer Riß. Auch füllt niemand neuen Wein in alte Schläuche. Sonst zerreißt der Wein die Schläuche; der Wein ist verloren, und die Schläuche sind unbrauchbar. Neuer Wein gehört in neue Schläuche.

*Gebet: Vater unser – mach alles neu!*
(evtl. singen nach Troubadour 524 – oder als Litanei beten)

Unser Vater im Himmel, mach alles neu,
geheiligt sei dein Name, mach alles neu.
Dein Reich komme auf die Erde, mach alles neu,
unser Vater im Himmel, mach alles neu!

Es geschehe hier dein Wille, mach alles neu,
wie im Himmel so auf Erden, mach alles neu.
Gib unser täglich Brot, mach alles neu,
unser Vater im Himmel, mach alles neu!

Herr, vergib uns unsre Schuld, mach alles neu,
wie einander wir vergeben, mach alles neu.
Und führ uns nicht in Versuchung, mach alles neu,
unser Vater im Himmel, mach alles neu!

Herr, erlöse uns vom Bösen, mach alles neu,
denn dein ist das Reich und die Kraft, mach alles neu
und die Herrlichkeit, amen: mach alles neu!
Unser Vater im Himmel, mach alles neu!

## Auf dem Weg

Die Bibel ist voll von der Sehnsucht nach Neuem und der Verheißung von Neuem:

Die einzelnen Bibelzitate langsam und mit entsprechenden Pausen vorlesen! Evtl. lassen sich auch die angegebenen einzelnen Strophen der unten angegebenen Gottesloblieder sinnvoll einfügen.

Schafft euch ein neues Herz und einen neuen Geist! (Ez 18,31)
Singt ihm ein neues Lied, greift voll in die Saiten und jubelt laut! (Ps 33,3)
Sendest du deinen Geist aus, so werden sie alle erschaffen, und du erneuerst das Antlitz der Erde (Ps 104,30).
Er legte mir ein neues Lied in den Mund, einen Lobgesang auf ihn, unsern Gott (Ps 40,4).

Da erschraken alle, und einer fragte den andern: Was hat das zu bedeuten? Hier wird mit Vollmacht eine ganz neue Lehre verkündet (Mk 1,27).
Dann sah ich einen neuen Himmel und eine neue Erde (Offb 21,1).
Er, der auf dem Throne saß, sprach: Seht, ich mache alles neu (Offb 21,5).

Wie viele Gottesloblieder besingen eben nicht die *alte Leier*, sondern fordern auf zum *neuen Lied*:

Singt dem Herrn ein neues Lied, niemand soll's euch wehren ... (GL 268,1).
Täglich neu ist seine Gnad über uns und allen. Laßt sein Lob durch Wort und Tat täglich neu erschallen ... (GL 268,2).
Singet dem Herrn ein neues Lied, denn er tut Wunder ... (GL 273,1).

## 3. Station: Sich Ruhe gönnen

»In der Ruhe liegt die Kraft.« Da ist etwas dran. Wer etwas in Ruhe angeht, der kommt oft schneller voran als jemand, der sich in etwas hineinstürzt. Wer sich Ruhepausen gönnt, hat ein besseres Durchhaltevermögen als jemand, der sich über Wochen und Monate verausgabt. Wer bewußt Ruhepausen einlegt, kommt zwar leicht in den Verruf, von der Arbeit auszureißen, aber eigentlich handelt er klug. Sogar in einer Zeit, in der das Wort »Streß« noch nicht auf dem Markt war, gibt eine alte Legende den Rat, sich Ruhe zu gönnen und den Bogen nicht zu überspannen:
Es wird erzählt, daß der alte Apostel Johannes gern mit seinem zahmen Rebhuhn spielte. Eines Tages kam ein Jäger zu ihm. Er wunderte sich, daß Johannes, ein so angesehener Mann, spielte. Er hätte doch in der Zeit viel Gutes und Wichtiges tun können. Deshalb fragte er: »Warum vertust du deine Zeit mit Spielen? Warum wendest du deine Aufmerksamkeit einem nutzlosen Tier zu?«
Johannes schaute ihn verwundert an. Warum sollte er nicht spielen? Warum verstand der Jäger ihn nicht? Er sagte deshalb zu ihm: »Weshalb ist der Bogen in deiner Hand nicht gespannt?« »Das darf man nicht«, gab der Jäger zur Antwort. Der Bogen würde seine Spannkraft verlieren, wenn er immer gespannt wäre. Wenn ich dann einen Pfeil abschießen wollte, hätte er keine Kraft mehr.«
Johannes antwortete: »Junger Mann, so wie du deinen Bogen immer wieder entspannst, so muß du dich selbst auch immer wieder ent-

spannen und erholen. Wenn ich mich nicht entspanne und einfach spiele, dann habe ich keine Kraft mehr für eine Anspannung, dann fehlt mir die Kraft, das zu tun, was notwendig ist und den ganzen Einsatz meiner Kräfte fordert.«

*Schrifttext: In der Ruhe liegt die Kraft (Jes 30,15–16)*

So spricht der Herr, der Heilige Israels: Nur in Umkehr und Ruhe liegt eure Rettung, in Stille und Vertrauen verleihen euch Kraft. Doch ihr habt nicht gewollt, sondern gesagt: Nein auf Rossen wollen wir dahinfliegen. Darum sollt ihr jetzt fliehen. Ihr habt gesagt: auf Rennpferden wollen wir reiten. Darum rennen die Verfolger euch nach.

## Auf dem Weg

*Meditative Litanei*

Es gibt vieles, was uns zur Ruhe und zum Nachdenken einlädt:
die Bank am Wanderweg ...
die ruhige Stunde am Abend ...
die Stille am Sonntagmorgen ...
die ruhige Kirche in der belebten Fußgängerzone ...
der Angelplatz am Fluß ...
der Abend, an dem ich ungestört in einem Buch lese ...
das Gedicht, das mich nachdenklich macht ...
das Bild, das mich anspricht ...
der Blick vom Berg, der mich fasziniert ...
der Baum, in dessen Schatten ich sitze ...
die altbekannten Wege, die ich oft still gehe ...
der Rundgang auf dem Friedhof ...
die geheimnisvolle Stille im Konzertsaal ...
der Garten, den ich oft anschaue ...
der Liegestuhl auf der Veranda im Sommer ...
das Zimmer, in das ich mich zurückziehen kann ...
das lange Ausschlafen am Sonntag ...
der Abend ohne Termine und Verpflichtungen ...

## 4. Station: Sich fordern

Überforderung ist ein typisches Symptom unserer Zeit. Die Mutter fühlt sich überfordert mit der Erziehung des widerspenstigen Dreijährigen. Der Schüler fühlt sich überfordert, wenn in der Zeit vor Ostern Schulaufgabe auf Schulaufgabe folgt. Der Lehrling fühlt sich überfordert, wenn er an den Computer gesetzt wird und sich ein kompliziertes Programm aneignen muß. Der Leiter des Unternehmens fühlt sich überfordert, den richtigen Ton für die vielen unterschiedlichen Menschen zu finden, mit denen er zu tun hat. Der Pfarrer fühlt sich überfordert mit den vielfältigen Aufgaben in der Verwaltung, Seelsorge, Gottesdienstvorbereitung und der nötigen Sensibilität im Umgang mit den verschiedenen Gruppen.
Wer fühlt sich heute schon nicht überfordert? Wer jammert heute nicht über den Streß? Dabei vergessen wir, daß der Begründer der Streßlehre, Hans Selye, ausdrücklich unterscheidet zwischen *Dys-Streß* und *Eu-Streß*, d. h. einem krankmachenden und einem gesunderhaltenden Streß. Und er bezeichnet den letzteren geradezu als Salz des Lebens und die Würze des Lebens. Auch die Medizin weiß, daß nicht nur die Überbeanspruchung eines Organs Krankheit hervorrufen, sondern auch dessen Unterbelastung zu Krankheit führen kann.
Sich im richtigen Maß zu fordern, ist lebensnotwendig wie ein gesunderhaltendes Training.
Wer für jeden Schritt ins Auto steigt, der merkt spätestens mit 40, daß er immer ungelenkiger wird. Wer einmal längere Zeit liegen muß und nicht aufstehen darf, der merkt schnell, wie die Beinmuskulatur erschlafft. Wer lange nichts mehr mit der Hand geschrieben hat, der erschrickt, wie eckig mit der Zeit seine Unterschrift wird.
Es gibt einen krankmachenden und einen gesundmachenden Streß. Was ich gern tue, das überlastet nicht so schnell. Es gehört zur Kunst des Lebens, das Gespür für den Punkt zu entwickeln, wo sich in mir etwas sträubt und der Streß beginnt, mich krank zu machen.

*Schrifttext: Bemüht euch, den Wettkampf zu gewinnen!*
*(1 Kor 9,24–27)*

Wißt ihr nicht, daß die Läufer im Stadion zwar alle laufen, aber daß nur einer den Siegespreis gewinnt? Lauft so, daß ihr ihn gewinnt. Jeder Wettkämpfer lebt aber völlig enthaltsam; jene tun dies, um einen vergänglichen, wir aber, um einen unvergänglichen Siegeskranz zu gewinnen. Darum laufe ich nicht wie einer, der ziellos läuft, und kämpfe mit der Faust nicht wie einer, der in die Luft schlägt; vielmehr züchtige und unterwerfe ich meinen Leib, damit ich nicht anderen predige und selbst verworfen werde.

## Auf dem Weg

*Litanei*

Vor übertriebenem Ehrgeiz ...
V: Bewahre mich, o Herr.
A: Bewahre mich, o Herr.
Vor der Angst, zu kurz zu kommen ...
Vor der Überschätzung meiner Kräfte ...
Vor der Überschätzung meiner Möglichkeiten ...
Vor Überheblichkeit und Größenwahn ...
Vor Raubbau meiner Gesundheit ...
Vor einer Disziplin, die nur noch funktionieren läßt ...
Aber auch vor übertriebenem Selbstmitleid ...
Vor dauerndem Jammern ...
Vor tötender Lustlosigkeit ...
Vor zu großer Empfindlichkeit ...
Vor zu schnellem Aufgeben ...

*Denkanstoß*

(L 1) Es gibt eine Zeit, in die vollen zu gehen.
(L 2) Es gibt eine Zeit, die Zügel locker zu lassen.

(L 1) Es gibt eine Zeit höchster Konzentration.
(L 2) Es gibt eine Zeit heilsamer Zerstreuung.

(L 1) Es gibt eine Zeit, sich in die Arbeit zu knien.
(L 2) Es gibt eine Zeit, die Arbeit liegen zu lassen.

(L 1) Es gibt eine Zeit, von sich das Letzte zu fordern.
(L 2) Es gibt eine Zeit, sich zu schonen.

(L 1) Es gibt eine Zeit, sich zu verausgaben.
(L 2) Es gibt eine Zeit, die Kräfte klug einzuteilen.

(L 1) Es gibt eine Zeit, wo mir alles leicht von der Hand geht.
(L 2) Es gibt eine Zeit, wo mir alles ungeheuer viel Kraft kostet.

(L 1) Es gibt eine Zeit, alles auf eine Karte zu setzen.
(L 2) Es gibt eine Zeit, sehr vorsichtig zu sein.

# 6. Damit eine Pfarrgemeinde wachsen kann

*Wechselgesang: Danket dem Herrn, denn er ist gut (GL 281, bes. 9–12)*

*Einleitung*

Beim Stichwort »wachsen« denken wir gewöhnlich an Früchte. Wir denken an den Vorgang, wie die Samen aufgehen und heranwachsen, wie die Blüten befruchtet werden und wie Obst und Beeren heranreifen.

Eltern denken beim Stichwort »wachsen« vermutlich zunächst an ihre Kinder. Sie haben ihre Kinder noch ganz klein vor Augen und erleben, wie sie ihnen über die Jahre hinweg allmählich über den Kopf wachsen.

Bittgang ist traditionell mit dem Gedeihen und Wachsen der Feldfrüchte verbunden. Nicht zufällig finden die Bittgänge zu einem Zeitpunkt statt, wo draußen in der Natur der größte Wachstumsschub stattfindet.

In der Landwirtschaft weiß man sehr gut, wie man Gott etwas unter die Arme greifen kann. »Wo nicht Mistus, da nicht Christus«, heißt ein Bauernspruch. Regen und Sonne allein genügen nicht. Es gilt, den richtigen Standort für eine Pflanze auszuwählen. Nicht jede Pflanze gedeiht am gleichen Ort gleich gut. Jede Pflanze braucht genügend Nährstoffe, genügend Licht. Jede Pflanze braucht ihre spezielle Behandlung.

So mancher Landwirt wird vielleicht heute enttäuscht sein. Um all das geht es heute bei dieser Bittprozession nicht. Es soll etwas im Mittelpunkt stehen, was uns alle betrifft. Es geht um unsere Gemeinde. Und die unterliegt – wie Pflanzen und Menschen – den Gesetzen des Wachstums. Schon dem Apostel Paulus erschien dieser Vergleich besonders plausibel. Im Rückblick auf seine Gemeindegründung in Korinth schreibt er in einem Brief: »Ich habe gepflanzt, Apollos hat begossen, Gott aber ließ wachsen« (1 Kor 3,6).

Bei unserer diesjährigen Prozession wollen wir einmal darüber nachdenken, wie wir beim Wachstum unserer Gemeinde Gott etwas unter die Arme greifen können.

## 1. Station: Wir haben einen Traum

Träume sind Schäume, sagt der Volksmund. Träume platzen wie Seifenblasen, d.h. Träume sind nichts wert. Du alter Träumer, wenn dieser Ausdruck fällt, bedeutet das: Mit diesem Kerl kann man nichts anfangen. Der ist zu nichts zu gebrauchen.
Aber ich frage mich: Was ist, wenn keine Träume da sind? Würde überhaupt eine Ehe geschlossen, wenn nicht der Traum von einem gemeinsamen Lebensglück da wäre? Würden Menschen überhaupt zu einem bestimmten Beruf greifen, wenn sie nicht den Traum hätten: Da kann ich mich verwirklichen. Da kann ich etwas in Bewegung bringen. Würden Menschen überhaupt ins Kloster gehen, wenn sie nicht von einem Leben träumen würden, das sie erfüllen kann?
Wo kein Traum da ist, wird nur die Pflicht erfüllt. Da fehlt das Kreative. Da fehlt das Spielerische. Da fehlt die Freude. Da geht nichts voran.
Wie steht es damit eigentlich in unserer Pfarrgemeinde? Gibt es da einen Gemeindetraum? Hoffentlich ertappen sich unter uns Menschen dabei, daß sie sagen: Das wäre schön, wenn es das bei uns gäbe! Davon träume ich. Oder sind wir mit einem täglichen Trott, mit dem, was tagtäglich anfällt, einfach zufrieden?
Eine These des großen Pastoraltheologen Paul M. Zulehner aus Wien lautet: Wenn eine Gemeinde keine Träume mehr hat, gibt es kein Wachstum mehr, beginnt sie schon zu sterben.
Die Bibel gibt ihm recht. Immer wieder sind es in der Bibel Träume, die Menschen den Anstoß geben, etwas Neues in Angriff zu nehmen. Und davon ist die Bibel überzeugt: Träume sind von Gott geschenkt. Der Traum ist ein Medium, durch das Gott zum Menschen sprechen kann.

*Schrifttext: Der Traum des kleinen Samuel (1 Sam 3,1–11)*

Der junge Samuel versah den Dienst des Herrn unter der Aufsicht Elis. In jenen Tagen waren Worte des Herrn selten; Visionen waren nicht häufig. Eines Tages geschah es: Eli schlief auf seinem Platz; seine Augen waren schwach geworden, und er konnte nicht mehr sehen. Die Lampe Gottes war noch nicht erloschen, und Samuel schlief im Tempel des Herrn, wo die Lade Gottes stand. Da rief der Herr den Samuel, und Samuel antwortete: Hier bin ich. Dann lief er zu Eli und sagte: Hier bin ich, du hast mich gerufen. Eli erwiderte: Ich habe dich nicht gerufen. Geh wieder schlafen! Da ging er und legte sich wieder schlafen. Der Herr rief noch einmal: Samuel!

Samuel stand auf und ging zu Eli und sagte: Hier bin ich, du hast mich gerufen. Eli erwiderte: Ich habe dich nicht gerufen, mein Sohn. Geh wieder schlafen! Samuel kannte den Herrn noch nicht, und das Wort des Herrn war ihm noch nicht offenbart worden. Da rief der Herr den Samuel wieder, zum drittenmal. Er stand auf und ging zu Eli und sagte: Hier bin ich, du hast mich gerufen. Da merkte Eli, daß der Herr den Knaben gerufen hatte. Eli sagte zu Samuel: Geh, leg dich schlafen! Wenn er dich (wieder) ruft, dann antworte: Rede, Herr, denn dein Diener hört. Samuel ging und legte sich an seinem Platz nieder. Da kam der Herr, trat (zu ihm) heran und rief wie die vorigen Male: Samuel, Samuel! Und Samuel antwortete: Rede, denn dein Diener hört. Der Herr sagte zu Samuel: Fürwahr, ich werde in Israel etwas tun, so daß jedem, der davon hört, beide Ohren gellen.

*Gebetsimpuls*

Eine Gemeinde kann nur wachsen, wenn Menschen in ihr Träume haben und die Träume der anderen ernst nehmen.
Daß du unserer Gemeinde Träume geben wollest ...
Vater unser – Gegrüßet seist du, Maria.

*Lied: »Wir haben einen Traum« (Troubadour 365)*

## 2. Station: Wir haben Fähigkeiten

Früher hatte jedes Dorf nicht nur seine eigene Schule und den eigenen Bürgermeister und Pfarrer, sondern auch seinen eigenen Schmied, seinen Wagner, seinen Schreiner, seinen Büttner, seinen Schäfer, seinen Schneider, seinen Schuster, seinen Metzger, seinen Krämer und – nicht zu vergessen – seinen Wirt. In den Städten erinnern bis heute noch die Straßennamen an die alten Handwerkszünfte. Da gibt's die Färbergasse, die Töpfergasse, die Metzgergasse usw.
Zu jedem Beruf gehört ein besonderes Geschick. Der Schmied hätte sich wahrscheinlich mit der Nadel schwergetan. Mit den vielen verschiedenen Berufen stand gleichzeitig die Vielfalt der Begabungen vor Augen. Viele werden gebraucht, damit ein Gemeinwesen funktionieren kann. Keiner kann alle Lebensbereiche abdecken und ist deshalb auf den anderen angewiesen.

Merkwürdig: Im Gegensatz zur dörflichen Sozialstruktur mit ihrer großen Vielfalt lassen sich für die Kirchengemeinden der letzten Jahrhunderte nur wenige verschiedene Aufgaben aufzählen: Neben dem Pfarrer gab's da eigentlich nur den Küster, den Kirchenpfleger und den Organisten. Der Rest war das stumme Kirchenvolk.
Ein Blick in die ersten christlichen Gemeinden läßt uns da staunen. Paulus zählt ganze Litaneien von Aufgaben auf, die in einer Gemeinde übernommen werden können. Paulus ist davon überzeugt: Jeder, der zur Gemeinde gehört, also von Gott berufen ist, hat auch eine Begabung. Er ist dazu eingeladen, seine Begabung in die Gemeinde einzubringen.

*Schrifttext: Es gibt verschiedene Gnadengaben (1 Kor 12,4–11)*

Es gibt verschiedene Gnadengaben, aber nur einen Geist. Es gibt verschiedene Dienste, aber nur einen Herrn. Es gibt verschiedene Kräfte, die wirken, aber nur einen Gott: Er wirkt alles in allem. Jedem aber wird die Offenbarung des Geistes geschenkt, damit sie anderen nützt. Dem einen wird vom Geist die Gabe geschenkt, Weisheit mitzuteilen, dem anderen durch den gleichen Geist die Gabe, Erkenntnis zu vermitteln, dem dritten im gleichen Geist Glaubenskraft, einem andern – immer in dem einen Geist – Heilungsgaben, einem andern Wunderkräfte, einem andern prophetisches Reden, einem andern die Fähigkeit, die Geister zu unterscheiden, wieder einem andern verschiedene Arten verzückter Rede, einem andern schließlich die Gabe, sie zu deuten. Das alles bewirkt der eine und gleiche Geist; einem jeden teilt er seine besondere Gabe zu, wie er will.

*Gebetsimpuls*

Eine Gemeinde kann nur wachsen, wenn die unterschiedlichen Fähigkeiten von Menschen in ihr wahrgenommen werden und zum Tragen kommen.
Daß du unserer Gemeinde die Augen für die Vielfalt von Fähigkeiten öffnen mögest ...
Vater unser – Gegrüßet seist du, Maria.

*Lied: Hilf, Herr meines Lebens (GL 622,1–5)*

»Der macht das schon«, heißt es – und damit ist einem »guten Mann« oder einer »tüchtigen Frau« die Arbeit aufgehalst, und ich selbst bin aus dem Schneider. Ich kann genüßlich zuschauen, wie der oder die sich abrackern, und habe noch den Vorteil, dann als Besserwisser herumnörgeln und über Fehler lachen zu können.
Und jeder Verein hat seinen Vereinsmeier. Weil ihm immer gesagt wird: »Mach's doch du! Das kann keiner so gut wie du«, hat sich schnell der Mechanismus eingeschlichen, daß der »gute Mann« und die »tüchtige Frau« nichts mehr aus der Hand geben. Und dann geht es los mit dem Gestöhne. Von unendlicher Arbeit ist dann die Rede, von der Last auf den Schultern und vor allem von der riesigen Verantwortung. Die soll erst einmal einer tragen!
Aber so nüchtern müssen wir sein: Was einer allein durchsetzen will, mag es noch so löblich und gut sein, das wird sich kaum auf Dauer halten. Wenn es die anderen nicht wollen oder wenn sie nicht bereit sind, es mitzutragen, sind der beste Wille und das beste Ziel auf Dauer zum Scheitern verurteilt. Gerade deshalb hat sich für die heutige Gemeindepastoral der Slogan entwickelt: Wenn viele weniges tun, ist das mehr, als wenn wenige alles tun.
Denn wenn der einzelne sich einbringen darf, Befugnisse hat, ihm Rechte und Entscheidungskompetenz zugebilligt werden, dann wird er auch Verantwortung mittragen und für manches geradezustehen haben. Erst dann kann man von einer mündigen Gemeinde sprechen.
Die Idee dazu ist uralt. Bezeichnenderweise war es ein Außenstehender, der den Einfall hatte. Der unter der Last der Verantwortung stöhnte, wäre selbst kaum auf diese einfache Lösung gekommen. Hören wir die Geschichte von dem guten Rat des Jitro an seinen vielgeplagten Schwiegersohn Mose.

*Schrifttext: Verantwortung mittragen (Ex 18,13–27)*

Am folgenden Morgen setzte sich Mose, um für das Volk Recht zu sprechen. Die Leute mußten vor Mose vom Morgen bis zum Abend anstehen. Als der Schwiegervater des Mose sah, was er alles für das Volk zu tun hatte, sagte er: Warum sitzt du hier allein, und die vielen Leute müssen vom Morgen bis zum Abend vor dir anstehen? Mose antwortete seinem Schwiegervater: Die Leute kommen zu mir, um Gott zu befragen. Wenn sie einen Streitfall haben, kommen sie zu mir. Ich entscheide dann ihren Fall und teile ihnen die Gesetze und Weisungen Gottes mit. Da sagte der Schwiegervater zu

Mose: Es ist nicht richtig, wie du das machst. So richtest du dich selbst zugrunde und auch das Volk, das bei dir ist. Das ist zu schwer für dich; allein kannst du es nicht bewältigen. Nun hör zu, ich will dir einen Rat geben, und Gott wird mit dir sein. Vertritt du das Volk vor Gott! Bring ihre Rechtsfälle vor ihn, unterrichte sie in den Gesetzen und Weisungen, und lehre sie, wie sie leben und was sie tun sollen. Du aber sieh dich im ganzen Volk nach tüchtigen, gottesfürchtigen und zuverlässigen Männern um, die Bestechung ablehnen. Gib dem Volk Vorsteher für je tausend, hundert, fünfzig und zehn! Sie sollen dem Volk jederzeit als Richter zur Verfügung stehen. Alle wichtigen Fälle sollen sie vor dich bringen, die leichteren sollen sie selber entscheiden. Entlaste dich und laß auch andere Verantwortung tragen! Wenn du das tust, sofern Gott zustimmt, bleibst du der Aufgabe gewachsen, und die Leute hier können alle zufrieden heimgehen. Mose hörte auf seinen Schwiegervater und tat alles, was er vorschlug. Mose wählte sich tüchtige Männer in ganz Israel aus und setzte sie als Hauptleute über das Volk ein, als Vorsteher für je tausend, hundert, fünfzig und zehn. Sie standen dem Volk jederzeit als Richter zur Verfügung. Die schwierigen Fälle brachten sie vor Mose, alle leichteren entschieden sie selber. Mose verabschiedete seinen Schwiegervater, und dieser kehrte in sein Land zurück.

*Gebetsimpuls*

Eine Gemeinde kann nur wachsen, wenn sie Verantwortung auf viele Schultern verteilt.

Daß du unserer Gemeinde den Sinn für die gemeinsame Verantwortung schenken und die Menschen, die dazu bereit sind, Verantwortung zu übernehmen, segnen mögest ...

Vater unser – Gegrüßet seist du, Maria.

*Lied: Ich bin getauft und Gott geweiht (GL 635,1–3)*

## 4. Station: Wir haben Mut

Wer träumt und etwas Neues vor Augen sieht, der ist im ersten Augenblick sicher begeistert, aber schnell kann sich Unsicherheit einschleichen. Je mehr man über den eigenen Traum nachdenkt, desto leichter kommt Angst hoch und man empfindet es als Zumutung.

Der Ausgang ist immer unsicher. Niemals ist für einen Traum der Erfolg garantiert.
Ach, eigentlich bin ich noch viel zu jung, redet man sich dann selber ein. Ich kann doch nichts ausrichten. Wer bin ich denn? Am Ende lachen die andern über meine Idee.
Es ist verblüffend, daß genau diese Einwände in vielen Berufungsgeschichten der Bibel vorkommen. Und in diesen Traumvisionen der großen Propheten ist es die wichtigste Aufgabe Gottes, Mut zuzusprechen. »Fürchte dich nicht!« heißt es immer wieder. Und immer wieder der Zuspruch: »Ich bin doch bei dir. Ich laß dich mit deinem Traum nicht allein.«

*Schrifttext: Sag nicht: Ich bin noch so jung (Jer 1,4–10)*

Das Wort des Herrn erging an mich: Noch ehe ich dich im Mutterleib formte, habe ich dich ausersehen, noch ehe du aus dem Mutterschoß hervorkamst, habe ich dich geheiligt, zum Propheten für die Völker habe ich dich bestimmt. Da sagte ich: Ach, mein Gott und Herr, ich kann doch nicht reden, ich bin ja noch so jung. Aber der Herr erwiderte mir: Sag nicht: Ich bin noch so jung. Wohin ich dich auch sende, dahin sollst du gehen, und was ich dir auftrage, das sollst du verkünden. Fürchte dich nicht vor ihnen: denn ich bin mit dir, um dich zu retten – Spruch des Herrn. Dann streckte der Herr seine Hand aus, berührte meinen Mund und sagte zu mir: Hiermit lege ich meine Worte in deinen Mund. Sieh her! Am heutigen Tag setze ich dich über Völker und Reiche; du sollst ausreißen und niederreißen, vernichten und einreißen, aufbauen und einpflanzen.

*Gebetsimpuls*

Eine Gemeinde kann nur wachsen, wenn Menschen sich von Gott zu ihren Träumen Mut machen lassen.
Gott, daß du Menschen mit Ideen und Träumen den Mut zum Anpacken schenken mögest ...
Vater unser – Gegrüßet seist du, Maria.

*Lied: Sonne der Gerechtigkeit (GL 644,1.2.5.6.)*

# 7. Was gut tut

*Lied: Lobet den Herren (GL 670,1–3)*

*Einleitung*

»Das war jetzt richtig gut!« Mit diesem Satz putzt sich ein Mann in Kniebundhose und Wanderstiefeln den Schaum vom Schnurrbart ab und stellt den Maßkrug wieder auf den Tisch. Wie gut kann ein kühles Bier nach einer anstrengenden Wanderung tun!
»Das hat mir jetzt richtig gut getan.« Mit strahlendem Gesicht erzählt die Frau ihrem Mann, daß sich der Enkel, der für ein paar Tage auf Ferien bei ihnen war, sich für diese Zeit bedankt hat. Ein dankbares Wort tut einfach gut.
»Das hat mir richtig gut getan, die 14 Tage in den Bergen! Diese Ruhe in den abgelegenen Tälern. Kein Auto, kein Radio, kein Fernseher!« 14 Tage weg vom Alltagsgetriebe, das kann gut tun.
»Das hat mir jetzt richtig gut getan, das heiße Erkältungsbad.« Er merkt die heilsame Wirkung sofort. Die Atemwege sind viel freier. So ein heißes Bad bei einer heranziehenden Erkältung, das kann gut tun.
Vieles, was gut tut, geht über unsere Sinne: über die Ohren, die Augen, den Mund und die Haut. In einer Zeit des Überangebots für die Sinne stehen wir ständig vor der Wahl: Was lassen wir in uns hinein? Was lassen wir an uns heran? Worauf konzentrieren wir unsere Aufmerksamkeit? Und wir merken schnell: Nicht alles tut wirklich gut. Was wir brauchen, ist eine Kultur der Sinne. Darüber wollen wir uns bei unserer heutigen Bittprozession Gedanken machen.

## 1. Station: Schmaus für die Augen – Vom Glotzen zum Schauen

Was sehe ich den ganzen Tag?
Die Augen auf.
Der Blick aus dem Fenster.
Der Türgriff.
Die Zeitung im Briefkasten.
Die großen Überschriften.
Bilder von Politikern und Unfällen.
Schlüssel im Zündschloß.

Blick auf die Straße.
Die Autos huschen vorbei.
Plakatwand.
Fremde Gesichter.
Auf dem Heimweg Stau.
Ich sehe Autos in den verschiedensten Farben,
blicke im Vorbeifahren auf die Autonummern.
Zuhause läuft schon der Fernseher.
Bild an Bild.
Ich drücke die Programmtasten.
Nirgends etwas Gescheites.
Nach zwei Stunden schalte ich den Apparat aus und lege mich ins Bett.
Die Bilder laufen vor den Augen weiter.
Ein Tag ist vorüber – und was habe ich wirklich gesehen?

*Eine Übung zum Schauen*

Ich lade Sie ein, sich bei dieser Prozession auf eine kleine Übung einzulassen. Ich lade Sie ein, einmal zwei Minuten Ihren Augen die Aufmerksamkeit zu schenken.
Wir werden still und lassen unsere Augen ruhig schweifen ...
Habe ich einen Punkt gefunden, von dem sich mein Auge angesprochen fühlt,
lasse ich mein Auge dort stehen und auf diesem Punkt ruhen,
egal ob es ein Baum,
der Boden vor mir
oder das Gesicht eines Prozessionsteilnehmers ist ...
Ich schärfe nun meinen Blick
und frage mich: Was fällt mir auf?
Welche Gedanken kommen mir?

*Schrifttext: Das Auge ist das Licht des Körpers (Lk 11,33–36)*

Niemand zündet ein Licht an und stellt es in einen versteckten Winkel oder stülpt ein Gefäß darüber, sondern man stellt es auf einen Leuchter, damit alle, die eintreten, es leuchten sehen. Dein Auge gibt dem Körper Licht. Wenn dein Auge gesund ist, dann wird auch dein ganzer Körper hell sein. Wenn es aber krank ist, dann wird dein Körper finster sein. Achte also darauf, daß in dir statt Licht nicht Finsternis ist. Wenn dein ganzer Körper von Licht erfüllt und nicht Finsternis in ihm ist, dann wird er so hell sein, wie wenn die Lampe dich mit ihrem Schein beleuchtet.

*Litanei*

V: Herr, ich bitte dich.
A: Herr, ich bitte dich.
Mit wachen Augen durch die Welt zu gehen...
In meinen Mitmenschen das Gute zu sehen...
In der Natur die Schönheit zu spüren...
Hinter den Fassaden den eigentlichen Kern zu entdecken...
Mit meinen Augen Kontakte zu schaffen...
Menschen, die es gut mit mir meinen, nicht zu übersehen...
Trauer und Angst von Menschen in ihren Augen wahrzunehmen...
Um Freude, wenn ich beobachten darf, wie sich Kinder entwickeln...
Um die Gabe, Zusammenhänge des Lebens zu entdecken...
Um die Kraft, Problemen ins Auge zu sehen...
Um den Weitblick, richtige Wege einzuschlagen...
Um Nachsicht, wenn andere Menschen Fehler machen...
Um Nachsicht mit mir selbst, wenn ich hinter meinen Erwartungen zurückbleibe...
Um Einfühlungsvermögen, wenn Augen stumm von mir etwas erbitten...

## 2. Station: Schmaus für die Ohren – Vom Berieseln zum Lauschen

Was höre ich alles von früh am Morgen bis spät am Abend?
Der Wecker rasselt.
Die Kaffeemaschine brodelt.
Das Radio dudelt.
Der Motor brummt.
Die Reifen quietschen.
Im Büro surren die Computer.
Telefone läuten.
Die Sekretärin quasselt in einem fort.
In der Fabrik lärmen die Maschinen.
Man muß schreien, um den andern zu verstehen.
Zuhause klappern die Teller.
Die Türen fliegen.
Am Tisch streiten sich die Kinder.
Die Signalmelodie der Tagesschau.
Die Frau ruft: »Ich geh' ins Bett!«
Ein Tag ist vorüber. Was habe ich wirklich gehört?

*Eine Übung zum Hören*

Ich lade Sie zum zweiten Mal zu einer kleinen Übung ein. Diesmal zu einer Übung für unsere Ohren.
Vielleicht traue ich mich, die Augen zu schließen ...
Ich werde still ...
Ich konzentriere mich auf mein Gehör ...
Ich beginne zu staunen, was ich da alles höre ...
welche lauten und leisen Töne ich wahrnehme ...

*Schrifttext: Selig die Ohren (Mt 13,16f)*

Ihr aber seid selig, denn eure Augen sehen und eure Ohren hören. Amen, ich sage euch: Viele Propheten und Gerechte haben sich danach gesehnt, zu sehen, was ihr seht, und haben es nicht gesehen, und zu hören, was ihr hört, und haben es nicht gehört.

*Gebet*

(L 1) Selig die Ohren,
(L 2) die zuhören können.

(L 1) Selig die Ohren,
(L 2) die Harmonie und Klänge genießen dürfen.

(L 1) Selig die Ohren,
(L 2) die Stille aushalten.

(L 1) Selig die Ohren,
(L 2) die Hilfeschreie wahrnehmen.

(L 1) Selig die Ohren,
(L 2) die in der Stimme die Stimmung eines Menschen heraushören.

(L 1) Selig die Ohren,
(L 2) die ein Lob annehmen können.

(L 1) Selig die Ohren,
(L 2) die bei unangenehmen Fragen nicht dichtmachen.

(L 1) Selig die Ohren,
(L 2) die feine Untertöne heraushören.

(L 1) Selig die Ohren,
(L 2) die nicht nur auf Lautstärke reagieren.

(L 1) Selig die Ohren,
(L 2) die Worte der Ermutigung annehmen.

(L 1) Selig die Ohren,
(L 2) die in den Worten der Schrift Wegweisung finden.

(L 1) Selig die Ohren,
(L 2) die sich von deinem Wort beunruhigen lassen.

(L 1) Selig die Ohren,
(L 2) die den Trost deiner Worte vernehmen.

(L 1) Selig die Ohren,
(L 2) die den Anspruch deiner Worte begreifen.

## 3. Station: Schmaus für den Magen – Vom Fressen zum Geniessen

Wie viele Minuten brauche ich zum Essen? Am Morgen geht es schnell. Die Tasse Kaffee schlürfe ich nebenbei. Fast blind lange ich zu meiner halben Scheibe Brot und stecke sie in den Mund, während ich die Zeitung überfliege.
Sitzt die ganze Familie am Mittagstisch, dann dauert es zwar etwas länger. Aber die Kinder springen auf, kaum daß sie den Teller leer haben. Und manche Hausfrau denkt sich: Dafür habe ich jetzt zwei Stunden gekocht!
In Amerika gibt es schon lange eine besondere Sorte von Restaurants, die sich auch bei uns immer größerer Beliebtheit erfreuen: Sie sorgen dafür, daß beim Essen keine Zeit vergeudet wird. Fastfood – »Schnellessen« – nennt man das.
Das Schnellessen hat sich bei uns im Alltag eingebürgert. Nebenbei wird es von Ideologien begleitet. Der Volksmund sagt: Wie man ißt, so arbeitet man. Das meint: Wer schnell ißt, das ist einer, der sich auch in die Arbeit kniet; wer langsam ißt, der läßt sich auch beim Arbeiten Zeit.
Der »Gourmet« ist in unserer Kultur nicht so gut angeschrieben. Das ist einer, der viel Zeit beim Essen verbringt, der sich nur die besten Häppchen heraussucht, der nicht viel ißt, aber Ausgewähltes, der schnippisch ist beim Kosten, der seinen Wein lange schwenkt, bevor er vorsichtig Schluck für Schluck schlürft.
Ich frage mich, ob es nicht höchste Zeit wäre, auch vom »Genießer« etwas zu lernen und ob das dann nicht am Ende unserem eigenen Magen, der Atmosphäre in der Familie und besonders der Kommunikation am Tisch zugute käme.

*Schrifttext: Feinste erlesene Speisen (Jes 25,6–8)*

Der Herr der Heere wird auf diesem Berg für alle Völker ein Festmahl geben mit den feinsten Speisen, ein Gelage mit erlesenen Weinen, mit den besten und feinsten Speisen, mit besten, erlesenen Weinen. Er zerreißt auf diesem Berg die Hülle, die alle Nationen verhüllt, und die Decke, die alle Völker bedeckt. Er beseitigt den Tod für immer. Gott, der Herr, wischt die Tränen ab von jedem Gesicht. Auf der ganzen Erde nimmt er von seinem Volk die Schande hinweg. Ja, der Herr hat gesprochen.

*Gebet*

Herr, du Schöpfer der Welt und des Menschen.
Es kann doch kein Zufall sein,
daß du uns als Lebewesen geschaffen hast,
die essen müssen, um leben zu können,
die trinken müssen, um existieren zu können.
Es kann doch kein Zufall sein,
daß du in unsere Natur den Hunger nach Nahrung
und den Durst nach Flüssigkeit hineingelegt hast.

Du Schöpfer der Welt, es kann doch kein Zufall sein,
daß unser Auge bei köstlichen Dingen den Appetit anregt,
die Nase den Duft und die Würze der Speisen aufsaugt,
die Geschmacksnerven so fein ausgebildet sind
und der Magen aufhört zu knurren,
wenn er gesättigt ist.

Du Schöpfer der Welt, es kann doch kein Zufall sein,
daß es den neutralen Geschmack des Wassers gibt,
daß der Sekt auf der Zunge prickelt,
daß der Wein ein Bouquet
und das Bier eine besondere Würze hat.
Es kann doch kein Zufall sein,
daß es die vielen Sorten von Obst und Gemüse gibt,
daß der Kuchen auf der Zunge vergeht,
daß das Brot einem nie zuwider geht,
daß wir Lust auf Herzhaftes haben
und daß wir nach Süßem verlangen.

Herr, du Schöpfer der Welt,
mein Geschmackssinn zeigt mir,
daß du Geschmack hast,
Geschmack an unserer Welt.

## 4. Station: Eine Wohltat für die Haut – Vom Grapschen zum zärtlichen Berühren

Schlußverkauf. Ich sehe das Bild vor mir: grapschende Hände. Wie Furien schießen sie auf die einzelnen Kleiderstücke zu, reißen sie heraus, werfen sie zurück und packen das nächste. Grapschende Hände – ein Schreckensbild. Ausdruck von Gier, von Gewalt, von Unbeherrschtheit. Grapschende Hände, die gibt es nicht nur im Schlußverkauf. Die werden gefährlich auch im Wirtschaftsbereich, im Intimbereich. Grapschende Hände verletzen immer die Würde.
Ich sehe dagegen ein anderes Bild vor mir: Hände, die aus einem Verkaufsregal vorsichtig etwas herausnehmen, es betasten und behutsam wieder zurückstellen; denn sie wissen: es ist zerbrechlich; ich sehe vor mir Hände, die elegant in einem Buch von Seite zu Seite blättern; Hände, die behutsam einem andern über den Kopf streichen.
Man sieht förmlich die Zärtlichkeit, die in solchen Berührungen liegt. Und hinter dieser Zärtlichkeit steckt als innere Haltung Respekt und Achtung vor dem anderen, ob das Dinge oder Menschen sind. Zärtlichkeit zwischen Menschen ist: sich vom Wohlbefinden des andern leiten lassen.

*Schrifttext: Eine heilende Berührung (Mk 8,22–26)*

Sie kamen nach Betsaida. Da brachte man einen Blinden zu Jesus und bat ihn, er möge ihn berühren. Er nahm den Blinden bei der Hand, führte ihn vor das Dorf hinaus, bestrich seine Augen mit Speichel, legte ihm die Hände auf und fragte ihn: Siehst du etwas? Der Mann blickte auf und sagte: Ich sehe Menschen; denn ich sehe etwas, das wie Bäume aussieht und umhergeht. Da legte er ihm nochmals die Hände auf die Augen; nun sah der Mann deutlich. Er war geheilt und konnte alles ganz genau sehen. Jesus schickte ihn nach Hause und sagte: Geh aber nicht in das Dorf hinein!

*Litanei*

V: Herr, gib mir Hände.
A: Herr, gib mir Hände.
... wie Schalen, die empfangen.
... wie ein Haus, das Geborgenheit gibt.
... wie ein Schiff, das Lasten trägt.
... wie ein Mantel, der wärmt.
... wie Balsam, der heilt.

... wie Bäume, die Schatten geben.
... wie Anker, die retten.
... wie Burgen, die beschützen.
... wie eine Schatztruhe, die Kostbarkeiten bewahrt.
... wie Sterne, die Wege weisen.
... wie Brücken, die Wege zueinander bauen.

## Auf dem Weg

### *Worte aus der Schrift*

(einige Schriftstellen auswählen, langsam vorlesen und jeweils genügend Stille lassen)

Hände sind für uns das Organ, mit dem wir tasten, mit dem wir zärtlich sind, mit dem wir handeln. In der Bibel wird oft erzählt, was Gott mit seinen Händen alles macht. Wir hören Worte aus dem Alten Testament:
Mose sagte zum Volk: Mit starker Hand hat euch Gott aus Ägypten, dem Sklavenhaus, herausgeführt (Ex 13,3).
Wenn meine Herrlichkeit vorüberzieht, stelle ich dich in den Felsspalt und halte meine Hand über dich, bis ich vorüber bin. Dann ziehe ich meine Hand zurück und du wirst meinen Rücken sehen (Ex 33,22–23).
Die Himmel rühmen die Herrlichkeit Gottes, vom Werk seiner Hände kündet das Firmament (Ps 19,2).
In deine Hände lege ich voll Vertrauen meinen Geist (Ps 31,6).
In deiner Hand liegt mein Geschick (Ps 31,16).
Denn deine Hand lag schwer auf mir bei Tag und Nacht (Ps 32,4).
In seiner Hand sind die Tiefen der Erde. Sein sind die Gipfel der Berge. Sein ist das Meer, das er gemacht hat, das trockene Land, das seine Hände gebildet (Ps 95,4–5).
Nehme ich die Flügel des Morgenrots und lasse mich nieder am äußersten Meer, auch dort wird deine Hand mich ergreifen und deine Rechte mich fassen (Ps 139,10).
Du öffnest deine Hand und sättigst alles, was lebt, nach deinem Gefallen (Ps 145,16).
Ich, der Herr, habe dich aus Gerechtigkeit gerufen, ich fasse dich an der Hand (Jes 42,6).

# 8. Mein Lebensacker

(Ein Besinnungstag für Jugendliche)

### *Vorbemerkung*

Diese »Prozession« ist für Jugendliche gedacht, eigentlich als Besinnungstag. Das Anschauungsmaterial liefern die Elemente der Flurprozession: Boden, Acker, Samenkörner. Sie werden mit Hilfe des Gleichnisses vom Sämann (Mk 4,1–9) auf die Lebenssituation junger Menschen hin symbolisch gedeutet. Bei der normalen Flurprozession wird die Monstranz hinaus auf die Äcker getragen, bei dieser »Flurprozession« tragen Jugendliche ihren Lebensacker vor die Monstranz.

### *Vorbereitungen*

Arbeitsblätter kopieren (Materialteil S. 186–189); das Lied »Meine engen Grenzen« (Materialteil, S. 190) kopieren und einstudieren; Weizenkörner bei einem Bauern oder in einem Naturkostladen besorgen; Scheren bereithalten.

## Einführung in den Besinnungstag

Symbole sind wieder »in«. Wir spüren, daß wir unser Leben nicht rein rational und technisch bestehen und lösen können. Wir brauchen Zeichen, die komplizierte Lebensvorgänge ein Stück deuten können. Eines der beliebten Lebenssymbole ist der Baum. Wachstum, Entwicklung, Reife können Menschen an ihm beobachten. Sie können am Baum abschauen, was fürs Leben notwendig ist: Wurzeln haben und sich nach oben frei entfalten können. An den Jahresringen eines Baumes kann man erkennen, daß das Leben nicht gleichmäßig verläuft, daß es Krisenzeiten gibt, Wachstumsschübe, trockene und saftige Jahre. An einem altgewordenen Baum kann man erleben, wie er eine bestimmte Atmosphäre schafft, wie er als Lebensraum für andere dient. All das kann ich auf mein Leben übertragen.

Natur spricht wieder neu an. Aber merkwürdig: Gerade da, wo Kirche in alter Tradition bewußt in die Natur hinausgeht und »Naturmeditation« betreibt, da tun sich Jugendliche schwer. Ich meine die Bittage, die in diesen Wochen wieder begangen werden. Jugendliche sind unter den Prozessionsteilnehmern selten zu finden. Meistens sind es Ältere, die singend und betend durch die Flur ziehen. Lange Litaneien, das Beten des Rosenkranzes und die alten

Bittlieder, die um Verschonung von göttlichen Strafen bitten, wirken auf Jugendliche nicht gerade anziehend. Kein Wunder: Kaum jemand unter den Jugendlichen ist noch in einem landwirtschaftlichen Beruf tätig. Lebensgeschichtlich fehlt jeder Bezug.
Aber trotzdem wollen wir heute einmal eine »Flurprozession« miteinander versuchen. Auch sie geht über Äcker, auch bei dieser Prozession geht es um Boden und Wachstum, geht es um Vögel, Dornen und Wege. Aber der Acker, über den wir gedanklich gehen, ist unser eigenes Leben. Die Anleitung dazu gibt uns eine alte Geschichte, das Gleichnis Jesu vom Sämann.

## Bildmeditation

Das Bild vom Sämann (Materialteil S. 186) auf Din A3 vergrößert bereithalten. – Bei meditativer Musik Bild vom Sämann anschauen. – Das Gleichnis wird langsam, in Sinnabschnitten, vorgelesen.

Ein andermal lehrte er wieder am Ufer des Sees, und sehr viele Menschen versammelten sich um ihn. Er stieg deshalb in ein Boot auf dem See und setzte sich; die Leute aber standen am Ufer. Und er sprach lange zu ihnen und lehrte sie in Form von Gleichnissen. Bei dieser Belehrung sagte er zu ihnen: Hört! Ein Sämann ging aufs Feld, um zu säen. Als er säte, fiel ein Teil der Körner auf den Weg, und die Vögel kamen und fraßen sie. Ein anderer Teil fiel auf felsigen Boden, wo das Erdreich nicht tief war; als aber die Sonne hochstieg, wurde die Saat versengt und verdorrte, weil sie keine Wurzeln hatte. Wieder ein anderer Teil fiel in die Dornen, und die Dornen wuchsen und erstickten die Saat, und sie brachte keine Frucht. Ein anderer Teil schließlich fiel auf guten Boden und brachte Frucht; die Saat ging auf und wuchs empor und trug dreißigfach, ja sechzigfach und hundertfach. Und Jesus sprach: Wer Ohren hat zum Hören, der höre (Mk 4,1–9)!

## Schriftmeditation

In Kleingruppen mit je einem Gruppenleiter. – Auf dem Tisch liegt ein leeres Din A3 Blatt, es ist in vier Teile gefaltet. – Das Gleichnis wird nochmals vorgelesen.

*Arbeitsimpuls*: Das Gleichnis hat vier Abschnitte. Für jeden Abschnitt suchen wir ein typisches Kennzeichen und malen es jeweils

in ein Viertel des gefalteten Blattes (Vögel am Weg/steiniger Boden/Dornen/guter Boden).
Anschließend versucht die Gruppe, das Gleichnis in vier Rollen mit eigenen Worten nachzuerzählen. Der Gruppenleiter streut dabei Weizenkörner in das jeweilige Feld.

## LEBENSMEDITATION

*Gesprächsimpuls:* Was spricht mich an diesem Gleichnis am meisten an?

– Austausch –

*Gruppenleiter:* Was mich an einer Geschichte besonders anspricht, das hat meistens mit mir selbst etwas zu tun. Es rührt einen Punkt in meinem Leben an, der für mich wichtig ist. Ich muß mir nur Zeit nehmen, darüber nachzudenken. Das wollen wir in den nächsten Schritten tun.

»Meine Samenkörner«

Gruppenleiter hat für jeden Teilnehmer ein »Samenkornblatt« zur Hand.

*Impuls:* Im Gleichnis vom Sämann werden die Samenkörner auf den ganzen Acker ausgestreut, egal ob es guter, steiniger oder von Dornen überwucherter Boden ist. Ich behaupte: In jedem Menschen sind gute Anlagen, Begabungen und Fähigkeiten gelegt, egal ob sie zum Durchbruch kommen oder versteckt bleiben und verkümmern. Es wäre einmal wichtig, sich diese »Samenkörner« vor Augen zu führen.
Ich habe ein »Samenkornblatt« mitgebracht, auf das fünf Samenkörner gezeichnet sind. Ich bitte euch, in einer Stillarbeit zu überlegen: Wie heißen meine starken Seiten, welche Begabungen habe ich erhalten? Schreibt jeweils in ein Samenkorn eine gute Eigenschaft, eine besondere Begabung von euch hinein.
Im ersten Moment wird so mancher sagen: Fünf gute Sachen an mir zu finden – das schaffe ich nie! Versucht es trotzdem einmal! Und laßt euch Zeit! Ihr werdet überrascht sein.
Ihr braucht keine Angst zu haben: Euer Blatt bleibt euer Geheimnis.

Stillarbeit – Samenkörner ausschneiden lassen.

*Arbeitsauftrag:* Schreibt jetzt in den »Abfall«, in das Papier, das beim Ausschneiden übriggeblieben ist, all das hinein, was ihr an euch selbst nicht ausstehen könnt, was ihr am liebsten verstecken oder loshaben würdet.

Pause

## »Die Hindernisse«

Gruppenleiter hat Din A3 Kopien von den drei Hindernissen im Gleichnis (Vögel am Weg/Dornen/steiniger Boden; vgl. Materialteil S. 188 f.) zur Hand.
Für jeden Teilnehmer: Die drei Hindernisse und das Bild vom guten Boden (Materialteil S. 189) auf ein Din A4 oder Din A3 Blatt fotokopieren: »Gleichnisblatt«.

*Hinführung*: Was sind bei uns Hindernisse, daß die Begabungen, der gute Kern, die guten Anlagen nicht zur Entfaltung kommen?
*Arbeitsaufgabe*: Jede Gruppe entscheidet sich für *ein* Symbol des Gleichnisses und fragt sich: Was könnte das Hindernis »Vögel am Weg« bzw. »Dornen« bzw. »steiniger Boden« in unserem Leben bedeuten?

Kleingruppen – Jede Gruppe stellt ihre Ergebnisse im Plenum vor.

*Einzelarbeit*: Jede(r) Teilnehmer(in) schreibt sich auf sein »Gleichnisblatt« die Dinge, die ihn betreffen und angesprochen haben, was ihn persönlich hindert, daß seine guten Eigenschaften voll zur Entfaltung kommen.

## Prozession zur Monstranz

In der Kirche meditative Musik. Das Allerheiligste steht auf dem Altar. Die Teilnehmer kommen einzeln. Jede(r) nimmt seine »Samenkörner«, seinen »Abfall« und seine »Hindernisse« mit in die Kirche und legt sie vor sich hin – in einem großen Halbkreis vor der Monstranz. Wenn alle da sind:

### *Gebet vor der Monstranz*

Gott, du bist für uns ein Geheimnis.
Wir können dich mit unseren Augen nicht sehen.
Wir können dich mit unseren Ohren nicht hören.
Aber wir sehnen uns danach,
mit dir in Verbindung zu sein.
Wir sehnen uns danach,
in unserem Herzen, in unserem Gefühl
etwas von dir und deiner Größe zu spüren.
Wir sehnen uns danach,
in unserem Gewissen das Echo deiner Stimme zu vernehmen.
Gott, wir glauben daran,
daß du uns siehst,
wenn wir uns vor der Monstranz versammeln.
Wir glauben daran,
daß du uns hörst,
wenn wir mit unseren Gebeten zu dir rufen.

Wir glauben daran,
daß du weißt,
wonach wir uns sehnen
und was wir für unser Leben brauchen.
Wir schauen auf die Monstranz,
für uns ein Zeichen,
daß du unter uns wohnst und wirkst.
Öffne uns für deine Gegenwart.
Laß uns erahnen,
was du uns bedeuten kannst.
Laß uns darauf vertrauen,
daß du mit uns gehst.

*Lied: Meine engen Grenzen (1. Strophe)*

Ein Jugendlicher tritt mit der großen Fotokopie des Bildes vom Weg und den Vögeln vor und spricht dieses Gebet:

Gott, du weißt: Manchmal bin ich wie der *Weg* im Gleichnis. Ich bin zwar noch jung. Aber auch bei mir ist schon vieles festgelegt und festgefahren. Manches kommt bei mir gar nicht an. Wenn bestimmte Sätze fallen, dann mache ich gleich die Läden dicht. Manchmal meine ich, ein Körnchen Wahrheit gefunden zu haben, etwas, was sich bei mir entwickeln könnte. Doch wie schnell gebe ich es dann wieder preis, wenn mir etwas anderes in die Ohren gesungen wird.

Jugendlicher legt das Bild vor die Monstranz.

*Lied: Meine engen Grenzen (2. Strophe)*

Ein Jugendlicher tritt mit der großen Fotokopie des Bildes vom steinigen Boden vor und spricht dieses Gebet:

Gott, du weißt: Manchmal bin ich wie der *steinige Boden* im Gleichnis. Ich bin aufgeschlossen für alles Neue. Ich lasse mich schnell begeistern. Wie schnell werden große Träume geträumt und tolle Pläne geschmiedet. Aber wenn ich spüre, daß die Pläne sich nicht von alleine verwirklichen, wenn ich mit Widerständen konfrontiert werde, wenn ich hart an mir arbeiten müßte, dann verliere ich schnell die Lust. Die guten Vorsätze verfliegen schnell, und die tollen Pläne werden beiseite gelegt. Was schnell Wurzeln geschlagen hat, geht genauso schnell wieder ein.

Jugendlicher legt das Bild vor die Monstranz.

*Lied: Meine engen Grenzen (3. Strophe)*

Ein Jugendlicher tritt mit der großen Fotokopie des Bildes von den Samenkörnern unter den Dornen vor und spricht dieses Gebet:

Gott, du weißt: Manchmal geht es mir wie den *Samenkörnern unter den Dornen.* Ich habe einen guten Willen. Aber mir fehlt der entsprechende IQ. Ich bekomme nicht die Lehrstelle, von der ich träume. Ich strenge mich an, aber mir wird gesagt: »Das wird ja doch nichts!« So etwas tut weh. Ich möchte mit Menschen in Kontakt treten. Aber dann bilde ich mir ein: Die anderen nehmen mich nicht ernst, die lachen mich doch nur aus. Ich weiß: Ich habe zwar viele gute Anlagen. Aber dann traue ich mir wieder selbst nichts zu. Dann mache ich mich selber schlecht. Und die guten Anlagen verkümmern.

Jugendlicher legt das Bild vor die Monstranz.

*Lied: Meine engen Grenzen (4. Strophe)*

Ein Jugendlicher tritt mit der großen Fotokopie des Bildes vom guten Boden vor und spricht dieses Gebet:

Gott, aber bei mir gibt es auch den *guten Boden.* Ich bin noch jung. Aber auch ich durfte schon erleben, daß bei mir etwas gewachsen ist. Ich habe Fähigkeiten, die in mir stecken, entwickeln dürfen. Es tut gut, wenn ich merke: Davon verstehe ich mehr als andere.
Ich spüre: Mehr und mehr gewinne ich einen festeren Standpunkt und renne nicht mehr jeder Meinung nach.
Mein Selbstvertrauen beginnt zu wachsen. Ich bin stolz darauf, daß ich etwas kann und zu etwas nutze bin.
Die Fähigkeit wächst, andere zu akzeptieren, auch wenn sie nicht mein Typ sind.
Auch in meinem Lebensacker wächst Gutes. Das übersehe ich oft. Heute will ich dir dafür danken.

*Danklied: Danke für diesen guten Abend, für die Freunde und für die Musik (vgl. Troubadour 43)*

# 9. Vier bäuerliche Tugenden

## 1. Station: Gespür für den richtigen Augenblick

Das bäuerliche Leben läuft nie nach einem vorgefertigten zeitlichen Strukturplan ab. Es ist immer situationsgebunden. Es ist abhängig von den Bodenverhältnissen und von der Witterung. Der Bauer muß ein Gespür dafür haben, wann er aufs Feld kann, wann ein günstiger Zeitpunkt für die Aussaat ist, wann er das Getreide ernten kann. Oft muß er sich fragen: Soll ich mit diesem Arbeitsschritt noch warten, oder ist es besser, sofort zuzupacken? Ein Risiko besteht immer.

Im Leben kommt es auf den günstigen Augenblick an. Ich muß ein Gespür dafür entwickeln, wann ich meinem Kind etwas sagen kann. Wann ich zu meinem Vorgesetzten gehen und ihm gegenüber einen Kritikpunkt äußern kann.

Nicht umsonst haben die Griechen den richtigen Augenblick, den Kairos, als Gott verehrt. Den Kairos zu erwischen, ist wirklich ein Geschenk von Gott.

*Schrifttext: Jetzt ist die Zeit der Gnade (2 Kor 6,1–2)*

Als Mitarbeiter Gottes ermahnen wir euch, daß ihr seine Gnade nicht vergebens empfangt. Denn es heißt: Zur Zeit der Gnade erhöre ich dich, am Tag der Rettung helfe ich dir. Jetzt ist sie da, die Zeit der Gnade; jetzt ist er da, der Tag der Rettung.

*Gebet*

(Jugendliche) Es ist eine Gnade,
(Jugendlicher) im richtigen Augenblick zur Stelle zu sein.

(Jugendliche) Es ist eine Gnade,
(Jugendlicher) im richtigen Augenblick hellhörig zu sein.

(Jugendliche) Es ist eine Gnade,
(Jugendlicher) sich im richtigen Augenblick konzentrieren zu können.

(Jugendliche) Es ist eine Gnade,
(Jugendlicher) im richtigen Augenblick zuzupacken.

(Jugendliche) Es ist eine Gnade,
(Jugendlicher) im richtigen Augenblick offen zu sein.

(Jugendliche) Es ist eine Gnade,
(Jugendlicher) im richtigen Augenblick sensibel zu reagieren.

(Jugendliche) Es ist eine Gnade,
(Jugendlicher) im richtigen Augenblick ein klares Wort zu sagen.

(Jugendliche) Es ist eine Gnade,
(Jugendlicher) im richtigen Augenblick den Mund aufzumachen.

(Jugendliche) Es ist eine Gnade,
(Jugendlicher) im richtigen Augenblick zu schweigen.

(Jugendliche) Es ist eine Gnade,
(Jugendlicher) im richtigen Augenblick alles auf eine Karte zu setzen.

(Jugendliche) Es ist eine Gnade,
(Jugendlicher) im richtigen Augenblick vorsichtig zu sein.

(Jugendliche) Es ist eine Gnade,
(Jugendlicher) im richtigen Augenblick eine Arbeit zu beginnen.

(Jugendliche) Es ist eine Gnade,
(Jugendlicher) im richtigen Augenblick eine Arbeit niederzulegen.

(Jugendlicher) Gott, um diese Gnade des richtigen Augenblicks bitten wir dich.

## 2. Station: Freude am Beobachten

Im Zeitalter der Mobilität, wenn man unterwegs ist mit dem Auto, mit dem Zug: Es huscht alles vorüber. Man sieht ungeheuer viel, hat viele Eindrücke. Aber sie fliegen vorbei.
Die Bauern sind heute vielleicht noch die einzigen, die sich außer den Benediktinermönchen wirklich noch an die *stabilitas loci* halten, d.h. ihr Leben lang an *ein und demselben* Ort bleiben. Sie sind diejenigen, die am seltensten in Urlaub fahren. Ihr Auge hängt immer am gleichen Stückchen Erde. Aber das gleiche sieht für sie immer wieder anders aus: Sie beobachten die Natur. Sie haben ein Auge für die Veränderungen, die da vor sich gehen: das Keimen, Wachsen und Reifen der Pflanzen.
Viele unserer Zeitgenossen leiden unter der Eintönigkeit ihrer eigenen vier Wände: immer das gleiche. Tag für Tag die gleichen Abläufe. Eine Möglichkeit, aus dieser Monotonie des Alltags herauszukommen, wäre: wieder neu das Beobachten zu lernen; das Immer-Gleiche auf seine kleinen Veränderungen hin zu betrachten.

*Schrifttext: Schau genau hin! (Sir 43,11f)*

Schau den Regenbogen an, und preise seinen Schöpfer; denn überaus schön und herrlich ist er. Über den Himmelskreis erstreckt er sich in seiner Pracht, Gottes Hand hat ihn machtvoll ausgespannt.

*Gebet*

Gott,
unser menschliches Auge ist ein Kunstwerk deiner guten Schöpferhände.
Mit ihm können wir in der Weite große Horizonte entdecken.
Mit ihm können wir in der Nähe kleinste Teilchen erkennen.
Durch unser Auge können wir Farbtöne und Farbnuancen unterscheiden.
Mit unserem Auge können wir Eindrücke sammeln,
die in unserer Seele Spuren hinterlassen.
Mit Hilfe unserer Augen können wir sogar Hintergründiges wahrnehmen:
hinter dem Lächeln die Unsicherheit;
hinter dem starren Blick die innere Leere.
Wir können aber auch mit unseren Augen vieles zu eng sehen,
zu oberflächlich,
zu flüchtig,
zu gierig.
Wir können über allzuviel hinwegsehen
oder Wichtiges übersehen.
Du hast uns mit dem Auge ein Kunstwerk gegeben.
Befähige uns zu der Kunst,
unsere Augen verantwortlich und zu unserem Wohl zu gebrauchen.

## 3. Station: Geduld

Ein Mann hatte seinen Acker gut vorbereitet, gepflügt und gesät. Er wunderte sich nur nach ein paar Wochen, daß die Saat so langsam aufging. Bei seinem Nachbarn sah er schon kräftigen, grünen Wuchs. Von Tag zu Tag wurde er ungeduldiger. Er konnte vor Sorge nicht mehr schlafen. Schließlich hatte er eine wahnwitzige Idee. Er lief zu seinem Feld und begann, die kleinen Halme etwas in die Höhe zu ziehen. Das war natürlich eine mühsame Arbeit, aber schließlich war er fertig. Er traf unterwegs seinen Nachbarn und sagte zu ihm, daß er seinem Korn beim Wachsen geholfen habe.

Neugierig geworden, liefen sie zu seinem Feld und sahen alles zerstört und verwelkt. Und noch lange lachte man in dem Dorf über den Mann, der nicht warten konnte.

Nicht-warten-können ist heute eine Untugend. In dem Augenblick, in dem ich den Wunsch habe, möchte ich ihn auch gleich erfüllt haben. Sonst verliert der Wunsch sofort an Bedeutung. Das Glücksgefühl ist am größten im Moment des Konsums.
Der Bauer ist von Natur her gezwungen zu warten: bis es regnet, bis die Sonne wieder scheint, bis es trocken genug ist, daß er wieder ins Feld kann. Er muß solange warten können, bis die Frucht wirklich ausgereift ist.

*Schrifttext: Geduld ist alles (Jak 5,7–11)*

Darum, Brüder, haltet geduldig aus bis zur Ankunft des Herrn! Auch der Bauer wartet auf die kostbare Frucht der Erde, er wartet geduldig, bis im Herbst und im Frühjahr der Regen fällt. Ebenso geduldig sollt auch ihr sein. Macht euer Herz stark, denn die Ankunft des Herrn steht nahe bevor. Klagt nicht übereinander, Brüder, damit ihr nicht gerichtet werdet. Seht, der Richter steht schon vor der Tür. Brüder, im Leiden und in der Geduld nehmt euch die Propheten zum Vorbild, die im Namen des Herrn gesprochen haben. Wer geduldig alles ertragen hat, den preisen wir glücklich. Ihr habt von der Ausdauer des Ijob gehört und das Ende gesehen, das der Herr herbeigeführt hat. Denn der Herr ist voll Erbarmen und Mitleid.

*Fürbitten*

Herr, lehre uns das Warten! A: Wir bitten dich, erhöre uns.
- Herr, lehre uns ein Denken, das über den heutigen Tag hinausgeht ...
- Herr, schenke uns die Ruhe und Gelassenheit, auf etwas Schönes wirklich warten zu können ...
- Herr, schenke uns Geduld mit unseren eigenen Fehlern und Schwächen ...
- Herr, schenke uns Geduld, wenn Kinder und alte Menschen immer wieder das gleiche fragen ...
- Herr, schenke uns Geduld mit Menschen, die wir nicht mögen ...
- Herr, schenke unseren Mitmenschen Geduld, wenn sie sich mit uns schwertun ...
- Herr, schenke uns Geduld, wenn nichts vorwärts zu gehen scheint ...

- Herr, schenke uns Geduld, wenn sich Verhärtungen und Verkrampfungen nicht lösen ...
- Herr, schenke uns Geduld in Krisen ...
- Herr, schenke uns Geduld im Alter ...
- Herr, schenke uns Geduld in der Krankheit ...

## 4. Station: Demut

In Winzergegenden gibt es das Sprichwort: »Ist der Wein gut, hat ihn der Winzer gemacht, ist er sauer, hat ihn der liebe Gott wachsen lassen.« Mit diesen Worten nimmt sich die bäuerliche Kultur selbst auf den Arm. Man weiß um das fachliche Können, das Knowhow der Technik, die Wirksamkeit der Spritz- und Düngemittel. Auf der anderen Seite weiß man, daß man doch nicht alles in der Hand hat und auf vieles angewiesen ist: Wenn zum Beispiel das Wetter nicht mitspielt, nützen die besten Mittel nichts.
Das ist eine allgemein-menschliche Erfahrung: Immer, wenn etwas gelingt, dann bin ich geneigt, das auf mein eigenes Konto zu schreiben. Geht etwas schief, dann versuche ich schnell, anderen die Schuld zuzuschieben.
Aber vergessen wir nicht: Wenn etwas gelingt, sind immer auch andere Menschen, günstige Umstände und vieles mehr an unserem »Glück« beteiligt!

*Schrifttext: Vergiß deinen Gott nicht, wenn es dir gut geht! (Dtn 8,7–18)*

Wenn der Herr, dein Gott, dich in ein prächtiges Land führt, ein Land mit Bächen, Quellen und Grundwasser, das im Tal und am Berg hervorquillt, ein Land mit Weizen und Weinstock, Feigenbaum und Granatbaum, ein Land mit Ölbaum und Honig, ein Land, in dem du nicht armselig dein Brot essen mußt, in dem es dir an nichts fehlt, ein Land, dessen Steine aus Eisen sind, aus dessen Bergen du Erz gewinnst; wenn du dort ißt und satt wirst und den Herrn, deinen Gott, für das prächtige Land, das er dir gegeben hat, preist, dann nimm dich in acht und vergiß den Herrn, deinen Gott, nicht, mißachte nicht seine Gebote, Rechtsvorschriften und Gesetze, auf die ich dich heute verpflichte. Und wenn du gegessen hast und satt geworden bist und prächtige Häuser gebaut hast und sie bewohnst, wenn deine Rinder, Schafe und Ziegen sich vermehren und Silber und Gold sich bei dir häuft und dein gesamter Besitz sich vermehrt, dann nimm dich in acht, daß dein Herz nicht hochmütig wird und du den Herrn, deinen Gott, nicht vergißt, der dich aus Ägypten, dem Sklavenhaus, geführt hat; der dich durch die große und furchterregende Wüste geführt hat, durch Feuernattern und Skorpione, durch ausgedörrtes Land, wo es kein Wasser gab; der für dich Wasser aus dem Felsen der Steilwand hervorsprudeln ließ; der dich in der Wüste mit Manna speiste, das deine Väter noch nicht kannten, (und der das alles tat,) um dich gefügig zu machen, dich zu prüfen und dir zuletzt Gutes zu tun. Dann nimm dich in acht und denk nicht bei dir: Ich habe mir diesen Reichtum aus eigener Kraft und mit eigener Hand erworben. Denk vielmehr an den Herrn, deinen Gott: Er war es, der dir die Kraft gab, Reichtum zu erwerben, weil er seinen Bund, den er deinen Vätern geschworen hatte, so verwirklichen wollte, wie er es heute tut.

*Gebet*

Gott,
Demut ist ein schillernder Begriff.
Wie oft wurde diese Tugend »Demut« mißbraucht,
um Menschen kurzzuhalten,
um sie mundtot zu machen,
um sie zu erniedrigen,
um sie zu einem falschen »blinden Gehorsam« zu erziehen.

Ja, Demut ist ein schillernder Begriff.
Aber ohne diese Tugend würde unsere Welt aus den Fugen geraten;
ohne das nüchterne Eingeständnis,
daß ich nicht alles aus eigener Kraft bewerkstelligen kann;
ohne die Einsicht,
daß auch ich Fehler, Ecken und Kanten habe;
ohne das neidlose Eingestehen,
daß viele intelligenter, erfolgreicher und attraktiver sind als ich;
ohne den Mut,
Lasten anderer zu tragen,
wenn ich ihnen dadurch das Leben ein Stück leichter machen kann;
ohne den Mut, mich auch für einen Dienst herzugeben,
bei dem es nichts zu verdienen gibt.

Gott, laß mich dieses Wort »Demut« nicht mißbrauchen.
Laß mich dieses Wort »Demut« aber auch nicht vergessen
und lehre mich, sein Abc immer wieder neu zu lernen.

Vgl. die Predigt über »Säen und Ernten« (3)

# 10. Vier kurze Worte

*Einleitung*

Von Norbert Lohfink gibt es ein berühmtes Buch, das den Titel trägt: »Unsere großen Wörter«. Überschriften in diesem Buch heißen: Einheit, Pluralismus, Befreiung, Gottesvolk, Gott, Zukunft, Gewalt, Liebe usw. Es geht bei diesen großen Wörtern um Schlüsselbegriffe des Glaubens.

Im Alltag werden diese großen Wörter kaum gebraucht. Da sind es oft die kleinen Wörter, die darüber entscheiden, ob ein Leben gelingt oder mißlingt.

Über vier solcher kleiner Wörter wollen wir uns heute bei dieser Bittprozession Gedanken machen. Denn bei der Bittprozession beten wir darum, daß Leben gedeiht, gefördert wird und gelingt.

## 1. Station: Ja

Das kürzeste Wörtchen im Deutschen ist das Wörtchen »ja«. Wie oft benutzen wir es! Wie schnell ist es ausgesprochen. Aber es klingt immer anders. Dieses »ja« kann viele Untertöne haben: Es kann bedächtig zögernd sein, zweifelnd, ungläubig. Es kann gesprochen werden, damit man endlich seine Ruhe hat. Das »ja« kann trotzig dahergeschleudert werden. Das »ja« kann aber auch aus voller Überzeugung gesprochen sein, entschlossen. Es kann ein Ausdruck dafür sein, daß ich einen Traum vor Augen habe. Es kann die Bereitschaft bekunden, Verantwortung und Konsequenzen zu tragen. Es kann gesprochen werden, auch wenn ich ganz genau weiß, daß es mich etwas kostet und mir Nachteile bringt.

*Schrifttext: Ein klares Ja (Jak 5,12)*

Vor allem, meine Brüder, schwört nicht, weder beim Himmel noch bei der Erde, noch irgendeinen anderen Eid. Euer Ja soll ein Ja sein und euer Nein ein Nein, damit ihr nicht dem Gericht verfallt.

*Fürbitten*

Herr, unser Gott, wir glauben, daß du ein Gott bist, der sein Ja zu uns Menschen gesprochen hat. Deshalb können wir dich bitten:

- Wir beten für alle Frauen, die ein Kind erwarten. Für alle, die ihr Ja mit großer Freude dazu geben und für alle, die um dieses Ja schwer gerungen haben.
- Wir beten für alle Eltern, die ihr behindertes Kind voll bejahen und natürlich mit ihm umgehen können. Und für alle, denen dieses Ja ungeheuer schwer fällt oder ihre Kräfte übersteigt.
- Wir beten für alle Frauen und Männer, die ja gesagt haben zu einer großen Aufgabe, obwohl sie genau wissen, daß dieses Ja sie an Grenzen führen wird.
- Wir beten für alle Kinder, Jugendliche, Erwachsene und alte Menschen, die schwer krank sind. Für alle, die es schaffen, ja zu ihrer Krankheit zu sagen. Und für alle, die dagegen rebellieren.
- Wir beten für alle Eheleute, denen es leicht fällt, ein Leben lang ein volles Ja zueinander zu sagen. Und für alle, die täglich darum neu ringen müssen.
- Wir beten für alle Sterbenden, die in den Tod einwilligen können. Und für alle, die ihn mit Bitterkeit oder Teilnahmslosigkeit erwarten.

*Lied: Sag ja zu mir, wenn alles nein sagt (GL 165)*

## Auf dem Weg

*Danklitanei*

Kein Mensch kann leben, wenn nicht ja zu ihm gesagt wird. Wenn Menschen mit Worten und Gesten ja zu uns sagen, sind wir beschenkt. Deshalb sagen wir dir, unserem Gott, Dank für diese Erfahrung: Ich bin bejaht.
V: Gott, wir danken dir.
A: Gott, wir danken dir.
Wenn Menschen an mich denken ...
Wenn Menschen mir zulachen ...
Wenn Menschen gerne mit mir sprechen ...
Wenn Menschen mir sagen oder zeigen: Gut, daß es dich gibt ...
Wenn Menschen Verständnis für mich haben ...
Wenn Menschen durch ein Geschenk mir eine Freude machen ...
Wenn Menschen gut zu mir sind ...
Wenn Menschen mich loben und ermutigen ...
Wenn Menschen zärtlich zu mir sind ...
Wenn Menschen aus Güte heraus mich kritisieren ...

Wenn Menschen mir viel zutrauen ...
Wenn Menschen mir Persönliches anvertrauen ...
Wenn Menschen mich um Hilfe bitten ...

## 2. Station: Nein

Das Wörtchen »nein« hat keinen guten Ruf. Es klingt nach Ungehorsam, nach Trotz, nach Aufbegehren. Ein »nein« kann destruktiv klingen, so als wollte man eine Sache absichtlich boykottieren. »Nein« ist gewöhnlich negativ besetzt. Oft meint man, ein »nein« wäre viel schneller und leichter gesagt als ein »ja«.
Aber wer sich schon einmal nach langem Überlegen zu einem »nein« durchgerungen hat, der weiß, wie schwer ein klares »nein« zu sagen ist. Der weiß, daß ein ehrliches »nein« genausoviel Mut erfordert wie ein ehrliches »ja«.

*Schrifttext: Ein Ja mit Unterton (Mt 21,28–31)*

Was meint ihr? Ein Mann hatte zwei Söhne. Er ging zum ersten und sagte: Mein Sohn, geh und arbeite heute im Weinberg! Er antwortete: Ja, Herr!, ging aber nicht. Da wandte er sich an den zweiten Sohn und sagte zu ihm dasselbe. Dieser antwortete: Ich will nicht. Später aber reute es ihn, und er ging doch. Wer von den beiden hat den Willen seines Vater erfüllt? Sie antworteten: Der zweite.

*Litanei*

Bei jeder Taufe und Firmung werden wir Christen nach unserem Nein und nach unserem Ja gefragt. Auch sonst im Leben ist es bei Entscheidungen so: Wer sein Ja zu einem bestimmten Weg sagt, muß zu vielen anderen Möglichkeiten sein deutliches Nein sagen. Das erfordert Kraft und Mut. Deshalb bitten wir:
V: Schenke uns Kraft, o Gott.
A: Schenke uns Kraft, o Gott.
Für das Ja zur Wahrheit und für das Nein zur Lüge ...
Für das Ja zur Offenheit und für das Nein zu aller Verstellung ...
Für das Ja zum Verstehenwollen und für das Nein zu kategorischer Ablehnung ...
Für das Ja zum Gutsein und für das Nein zur Herzensverhärtung ...
Für das Ja zur Verantwortung und für das Nein zu willkürlicher Freiheit ...
Für das Ja zur Beweglichkeit und für das Nein zur Erstarrung ...

Für das Ja zum bewußten Engagement und für das Nein zur Gleichgültigkeit ...
Für das Ja zur Selbstannahme und für das Nein zur Selbstvergötterung ...
Für das Ja zur Vergebung und für das Nein zur Vergeltung ...
Für das Ja zum Wohlstand und für das Nein zum uneingeschränkten Konsum ...
Für das Ja zu Dir, o Gott, und für das Nein zu religiöser Gleichgültigkeit ...

## Auf dem Weg

Was and're meinen
auch zu meinen,
ist nicht schwer.
Nur immer anders
als die andern meinen,
auch nicht sehr.
Weißt du aus eig'ner Kraft
mit mutig stillem Wagen,
dort ehrlich ja,
hier ehrlich nein zu sagen,
gleich ob dich alle lieben
oder keiner,
dann bist du einer.

(Spruch vom Ingolstädter Rathaus)

## 3. Station: Vielleicht

Es gibt ein Ja und ein Nein. Im Leben muß dauernd zwischen beiden entschieden werden. Aber wenn die Entscheidungen nur immer so klar wären! Das Leben mit seinen Fragen ist oft viel komplizierter. Auf viele Fragen gibt es keine eindeutigen Antworten. Bei vielen Fragen hat man nur eine vage Ahnung davon, was richtig sein könnte. Es kommt dann auf den Versuch an. Das Äußerste, was sich in einer solchen Situation sagen läßt, ist ein »Vielleicht«. Das ist kein Drücken vor einer Entscheidung, sondern der Entschluß zu einem Versuch, über dessen Ausgang ich mir noch nicht sicher sein kann.

In einem seiner Gleichnisse erzählt Jesus von so einem Fall. Da steckt einer in einer äußerst komplizierten Lage. Er überlegt sich eine bestimmte Taktik. Er weiß nicht, ob sie richtig oder falsch ist. Vielleicht geht es gut, vielleicht auch nicht. Und Jesus lobt die Klugheit und die Entschlossenheit dieses Mannes.

*Schrifttext: Vielleicht geht's gut (Lk 16,1–8)*

Jesus sagte zu den Jüngern: Ein reicher Mann hatte einen Verwalter. Diesen beschuldigte man bei ihm, er verschleudere sein Vermögen. Darauf ließ er ihn rufen und sagte zu ihm: Was höre ich über dich? Leg Rechenschaft ab über deine Verwaltung! Du kannst nicht länger mein Verwalter sein. Da überlegte der Verwalter: Mein Herr entzieht mir die Verwaltung. Was soll ich jetzt tun? Zu schwerer Arbeit tauge ich nicht, und zu betteln schäme ich mich. Doch – -ich weiß, was ich tun muß, damit mich die Leute in ihre Häuser aufnehmen, wenn ich als Verwalter abgesetzt bin. Und er ließ die Schuldner seines Herrn, einen nach dem andern, zu sich kommen und fragte den ersten: Wieviel bist du meinem Herrn schuldig? Er antwortete: Hundert Faß Öl. Da sagte er zu ihm: Nimm deinen Schuldschein, setze dich gleich hin, und schreibe »fünfzig«. Dann fragte er einen andern: Wieviel bist du schuldig? Der antwortete: Hundert Sack Weizen. Da sagte er zu ihm: Nimm deinen Schuldschein und schreibe »achtzig«.

Und der Herr lobte die Klugheit des unehrlichen Verwalters und sagte: Die Kinder dieser Welt sind im Umgang mit ihresgleichen klüger als die Kinder des Lichtes.

*Gebet*

Gott, wir sehnen uns nach absoluter Sicherheit.
Aber gibt es die überhaupt?
Gott, wir sehnen uns nach absoluter Wahrheit.
Aber können wir Menschen sie je voll erfassen?
Gott, wir sehnen uns nach absoluter Gerechtigkeit.
Aber wer kann schon Menschen in ihrer Eigenart voll gerecht werden?
Gott, wir sehnen uns nach absolutem Glück.
Aber wir wissen, wie selten wirkliche Glücksstunden sind.
Gott, wir sehnen uns nach absoluter Liebe.
Aber wir wissen, wie schnell Gefühle vergehen können.
Gott, wir sehnen uns nach absolutem Sinn.
Aber wir wissen, wie schnell sich neue Zweifel einschleichen.

Gott, laß uns trotz allem nach Wahrheit,
nach Gerechtigkeit, nach Glück, nach Liebe, nach Sinn suchen.
Laß uns danach suchen, was mein eigenes Leben
und das Leben meiner Mitmenschen fördert.
Laß uns darauf hören, was uns das Gewissen sagt.
Laß uns erkennen, was uns das Leben gelingen läßt.
Laß uns anerkennen,
daß es in den wichtigen Fragen des Lebens immer viele Wege gibt.
Laß uns bescheiden sein und mach uns bewußt,
daß es im Moment der Entscheidung oft nur ein »Vielleicht« geben kann.

## Auf dem Weg

Einer der Aufklärer, ein sehr gelehrter Mann, der vom Berditschewer gehört hatte, suchte ihn auf, um auch mit ihm, wie er's gewohnt war, zu disputieren und seine rückständigen Beweisgründe für die Wahrheit seines Glaubens zuschanden zu machen. Als er die Stube des Zaddiks betrat, sah er ihn mit einem Buch in der Hand in begeistertem Nachdenken auf und nieder gehen. Des Ankömmlings achtete er nicht. Schließlich blieb er stehen, sah ihn flüchtig an und sagte: »Vielleicht ist es aber wahr.« Der Gelehrte nahm vergebens all sein Selbstgefühl zusammen – ihm schlotterten die Knie, so furchtbar war der Zaddik anzusehen, so furchtbar sein schlichter Spruch zu hören. Rabbi Levi Jizchak aber wandte sich ihm nun völlig zu und sprach ihn gelassen an. »Mein Sohn, die Großen der Thora, mit denen du gestritten hast, haben ihre Worte an dich verschwendet, du hast, als du gingst, darüber gelacht. Sie haben dir Gott und sein Reich nicht auf den Tisch legen können, und auch ich kann es nicht. Aber, mein Sohn, bedenke, vielleicht ist es wahr.« Der Aufklärer bot seine innerste Kraft zur Entgegnung auf; aber dieses furchtbare »Vielleicht«, das ihm da Mal um Mal entgegenklang, brach seinen Widerstand.

## 4. Station: Hoffentlich

In unserem Sprachschatz gibt's viele Floskeln. Floskeln helfen, das Gespräch zu beginnen oder es wieder in Gang zu bringen, wenn es ins Stocken geraten ist. Wir messen ihnen keinen großen Wert bei. Eine dieser Floskeln ist das Wörtchen »hoffentlich«: Hoffentlich ist

es morgen schön! Hoffentlich geht alles gut! Hoffentlich schreiben wir morgen keine Schulaufgabe!
»Hoffentlich« hat den Beigeschmack von Unsicherheit und Unwissenheit. Eigentlich steckt hinter diesem Wörtchen eine religiöse Haltung: Ich weiß, daß ich den Verlauf der Dinge nicht bestimmen kann. Aber ich hoffe, daß ein anderer mein Geschick und das Geschick der anderen in seiner Hand hat und es gut macht. Ich hoffe für mich und für den anderen. Ich setze meine Hoffnung auf Gott.

*Schrifttext: Die Hoffnung läßt nicht zugrunde gehen (Röm 5,1–5)*

Gerecht gemacht aus Glauben, haben wir Frieden mit Gott durch unseren Herrn Jesus Christus. Durch ihn haben wir auch den Zugang zu der Gnade erhalten, in der wir stehen, und rühmen uns unserer Hoffnung, mit der wir der Herrlichkeit Gottes entgegengehen. Mehr noch: wir rühmen uns ebenso unserer Bedrängnis; denn wir wissen: Bedrängnis bewirkt Geduld, Geduld aber Bewährung, Bewährung Hoffnung. Die Hoffnung aber läßt nicht zugrunde gehen; denn die Liebe Gottes ist ausgegossen in unsere Herzen durch den Heiligen Geist, der uns gegeben ist.

*Gebet*

Herr,
oft wagen wir nicht richtig zu hoffen –
und sagen: »Hoffentlich!«
Oft wagen wir uns etwas gar nicht zu erträumen –
und sagen: »Hoffentlich!«
Oft wissen wir nicht, wie wir uns entscheiden sollen –
und sagen: »Hoffentlich wird's richtig!«
Oft sind wir uns im unklaren, ob wir wirklich vertrauen können –
und sagen: »Hoffentlich!«
Oft fürchten wir: Das geht über unsere Kraft –
und sagen: »Hoffentlich geht's gut!«
Oft fürchten wir uns vor dem nächsten Schritt –
und sagen: »Hoffentlich ist es richtig!«
Oft bangen wir um das Leben von Menschen –
und sagen: »Hoffentlich!«
Oft denken wir nach über das Leben nach dem Tod –
und sagen: »Hoffentlich!«
Herr, du weißt, wieviel Hoffnung,
wieviel Vertrauen in meinem schwachen »Hoffentlich« liegt.

# II. Predigten

## 1. Gott in den Dörfern daheim

Lesung: Wenn es euch gutgeht ... (Dtn 8,7–18) – Evangelium: Wenn euer Glaube nur wäre wie ein Senfkorn (Mt 17,19–20)

Voller Stolz hat der Dichter Jossif Brodskij einmal über die Dörfer geschrieben:

Im Dorf wohnt Gott nicht nur in den Zimmerecken,
nein, er wohnt überall,
er heiligt die Täler, Dächer, Schüsseln und Pfannen.
Im Dorf ist Gott im Überfluß vorhanden.

Menschen, die in Dörfern wohnen und ins kirchliche Leben eingebunden sind, werden diesen Zeilen spontan zustimmen: Ja, in unseren Dörfern wohnt Gott noch. Man braucht doch nur in die Häuser zu schauen: Fast in jedem Zimmer hängt ein Kreuz. Wie viele Bilder von Heiligen zeigen den guten Willen, daß sich Christen nach ihrem Vorbild um ein christliches Leben bemühen wollen!
Ja, in unseren Dörfern wohnt Gott noch. Man braucht doch nur in die Fluren zu schauen: An allen wichtigen oder idyllischen Punkten stehen Wegkreuze und Bildstöcke.
Ja, Gott wohnt noch im Dorf. Fast alle Kinder werden getauft; alle großen Feste, die im Dorf gefeiert werden, sind selbstverständlich mit einem festlichen Gottesdienst verbunden; die großen alten Traditionen sind bei uns noch lebendig; das Kirchenpatrozinium wird gefeiert, Bittage, Fronleichnamsprozession, Ewige Anbetung und Pfarrwallfahrten sind markante Punkte im Gemeindeleben. Ja, im Dorf ist Gott scheinbar noch im Überfluß vorhanden.
Auf den ersten Blick fühlt sich ein Dorfbewohner mit den Zeilen von Jossif Brodskij geehrt. Aber beim genaueren Hinschauen muß man sich fragen: Ist es wirklich so? Oder wohnt Gott doch nur in den Zimmerecken? Heiligt er wirklich die Schüsseln, Täler und Pfannen, d. h. schmeckt man ihn wirklich im Alltag heraus? Ist der Glaube wie ein Gewürz fürs Leben? Spürt der Bauer bei seiner Arbeit auf den Äckern und in den Wiesentälern wirklich etwas von der Schöpfermacht Gottes? Ist das Lebensempfinden wirklich von innen heraus vom Glauben geprägt?

Es läßt aufhorchen, was Kenner der Seelsorgsszene auf dem Land sagen: Trotz hoher Kirchgängerzahlen, trotz örtlicher Traditionen ist der Rückgang der religiösen Substanz auf dem Land viel drastischer als in der Stadt. Die Gefährdung und Krise der Seelsorge auf dem Land ist größer als die in der Stadt. Es besteht die Gefahr, daß das Traditionschristentum, das einmal mit Inbrunst gelebt wurde, zu einem äußerlichen Korsett oder zu einer leeren Schale wird.
Liebe Zuhörer, es ist höchste Zeit, uns zu fragen: Sind unsere dörflichen Traditionen noch mit echter Glaubensüberzeugung erfüllt? Sie funktionieren zwar nach außen hin noch recht gut. Aber müssen wir uns nicht zugestehen, daß sie innerlich immer mehr ausgehöhlt werden? Nach außen hin besteht der Eindruck: Alles ist o.k. Aber wenn man dem traditionellen kirchlichen Leben auf den Zahn fühlt, wird man schnell merken: schwer von Karies befallen. Nach außen hin erscheint der Glaube noch blühend und lautstark, aber innen fehlt die Seele.
Ich glaube: Das Gebot der Stunde ist nicht, Stärke oder demonstrativ Glaubenseifer zu beweisen. Ich glaube: Das Gebot der Stunde ist, innezuhalten, nachzudenken, den Iststand realistisch einzuschätzen und zuzugeben: Vieles ist ins Rutschen, aber dadurch auch in Bewegung gekommen. Vielleicht müssen wir von vielem Gewohnten Abschied nehmen, um wieder zum Kern vorzustoßen.

## 2. Ich lege einen goldenen Ring

Lesung: Segnen, anstatt zu verwünschen (Num 23,7–12) – Evangelium: Ein Segen zum Abschied (Lk 24,50–53)

Bei den Schweizer Bergbauern gibt es einen alten sinnigen Brauch: Der Almhirt nimmt zu Beginn der Weidesaison einen Melktrichter, benutzt ihn als Sprachrohr und posaunt in alle vier Windrichtungen einen Segensspruch hinaus:

Ich lege einen goldenen Ring um diesen Raum.
Gesegnet sei Mensch und Tier,
Wald, Wiesen und Flur.
Ich lege einen goldenen Ring um diesen Raum,
damit jedes Tier und jeder Mensch bewahrt bleibe
vor Unheil und Leid und allem Bösen.

Wenn wir mit dem Allerheiligsten bei unserer Bittprozession um unser Dorf einen Kreis ziehen, wenn wir an vier Stationen haltmachen und von dort mit der Monstranz der Segen in die vier Windrichtungen erteilt wird, dann möchten wir das gleiche ausdrücken wie der Schweizer Almhirt:

Ich lege einen goldenen Ring um diesen Raum,
damit jedes Tier und jeder Mensch bewahrt bleibe
vor Unheil und Leid und allem Bösen.

Es wäre eine bittere Ironie, diesen Segen Gottes für Mensch, Tier und Fluren zu erflehen, selbst aber nicht zum Segen zu sein für Mensch, Tier und Fluren. Es wäre eine bittere Ironie, diesen Segen Gottes auf die Felder herabzurufen, auf der anderen Seite aber durch unachtsames Verhalten das Trinkwasser, das sich unter den Feldern sammelt, in Mitleidenschaft zu ziehen. Es wäre eine bittere Ironie, diesen Segen auf die Menschen unseres Dorfes zu erflehen, auf der anderen Seite aber ihnen ihr Glück, ihr Wohlergehen, ihren Erfolg, ihr problemloses Zusammenleben in der Familie nicht zu gönnen.
Ich lege einen goldenen Ring um diesen Raum. Gesegnet sei Mensch, Wald, Wiesen und Flur. Diese Überzeugung demonstrieren wir mit unserer Prozession. Wir bringen mit unserer Prozession bildlich zum Ausdruck: Gott gönnt uns das Gute und Schöne. Gönnen wir es auch einander!

# 3. Säen und ernten

Lesung: Er gibt den jungen Raben, wonach sie schreien (Ps 147,7–11) – Evangelium: Wie ich das Leben angehe – zwei unterschiedliche Lebensdevisen (Lk 12,16–24)

In einem Gespräch mit einem Mann in mittleren Jahren kamen wir auf dessen Kinder zu sprechen. Dem Sinn nach meinte er: Wenn ich zurückdenke und mir vorstelle, wie ich mir meine Kinder einmal gewünscht habe, so muß ich gestehen, sie sind alle anders geworden als meine »Wunschkinder«. Da gibt es einfach viel, womit ich nicht zurechtkomme. In vielem denken sie anders als ich. Was mir oft ganz wichtig ist, wird von ihnen belächelt. Worin sie selbst aufgehen und wofür sie sich begeistern können, das läßt mich oft kalt. Wenn ich mir Rechenschaft gebe und mich frage, welche Werte ich ihnen mit auf den Weg geben wollte, muß ich nüchtern sagen: Viele haben bei meinen Kindern nicht gegriffen. Wenn ich darüber nachdenke, wofür ich viel Zeit und Kraft bei der Erziehung meiner Kinder investiert habe, so könnte ich manchmal traurig werden, wenn ich sehe, wie wenig Früchte meine Anstrengungen getragen haben. Aber im gleichen Atemzug muß ich auch zugestehen: Je älter ich werde, desto mehr entdecke ich an meinen Kindern Eigenschaften, über die ich mich freue, wofür ich aber in der Erziehung nichts getan habe. Ich entdecke Fähigkeiten, die ich nicht bewußt gefördert habe. Ich entdecke in ihrem Lebensstil Werte, die mir selbst erst jetzt wichtig werden. Je älter ich werde, desto mehr muß ich mir eingestehen: Ich ernte bei meinen Kindern, wo ich nicht gesät habe, ich sammle in Scheunen, wo ich keinen Finger dafür gekrümmt habe. Das wiegt alles auf, das erfüllt mich mit Dank.
Mich erinnern diese Worte an den Spruch Jesu von den Raben, die nichts säen und doch von Gott beschenkt werden (Lk 12,24). Und mich erinnern diese Worte an den Kornbauern, der Tag für Tag rackert und sich das Hirn zermürbt, wie er die zu erwartende Ernte unterbringt – und sie doch nicht genießen kann. Seine Lebenshaltung wird von Jesus als töricht verlacht (Lk 12,16–20). Die Worte des Vaters im Ohr, verstehe ich die anstößigen und provozierenden Jesusworte besser. Nach der Erfahrung des Vaters zu urteilen, sind sie keineswegs weltfremde Spinnerei, sondern werben für eine Lebenshaltung, die von mancher Verkrampfung und von manchem selbst auferlegtem Druck befreien könnte.

# 4. Zwei Bilder von Vincent van Gogh: »Der Garbenbinder« und »Der Sämann«

Lesung: Der Apostel auf Achse (2 Kor 11,22b–28) – Evangelium: Der Sämann (Mk 4,1–9)

Am besten wäre es, wenn die beiden Bilder von Vincent van Gogh den HörerInnen vor Augen wären. Der bekannte »Sämann »(Herbst 1888; Rijksmuseum Vincent van Gogh, Amsterdam) ist im *Ver sacrum Verlag,* 72108 Rottenburg am Neckar, als Meditationsbild (Nr. 839D) erhältlich. Schwieriger zu bekommen ist der etwas unbekanntere »Garbenbinder« (1889; Stedelijq-Museum, Amsterdam; Bildtafel bei: H. Feddersen, Vincent van Gogh, Ramerding 1972).

Ich weiß nicht, ob Sie einen Lieblingsmaler haben. Ich persönlich liebe die Bilder des holländischen Malers Vincent van Gogh. Besonders seine Bilder, die von der Arbeit auf den Feldern erzählen. Ich liebe diese Bilder, weil sie mir vom Glück und von der Last der Arbeit berichten, weil sie von der Schönheit und der Härte des Lebens erzählen.

Ich liebe den »Garbenbinder« von van Gogh, einen Blondschopf, der sich in die Arbeit buchstäblich hineinkniet. Van Gogh malt ihn so, als würde er sich in das Getreidefeld wie in ein blondes Meer hineinwühlen. Ich liebe diesen Garbenbinder, der sich in die Arbeit hineinkniet, weil ich an ihm sehe, welche innere Befriedigung es ist, wenn ich in meiner Arbeit förmlich aufgehe. Ich liebe dieses Bild, weil es mir vor Augen hält, welches Glück es ist, wenn ich mir am Abend sagen darf: Heute ist dir etwas von der Hand gegangen. Heute siehst du endlich einmal Erfolg.

Wenn ich – wie dieser Garbenbinder – in meiner Arbeit Erfüllung finde, dann vergesse ich Mühe, Schweiß, Kräfteaufwand und Anstrengung, weil ich spüre: Arbeit bringt auch menschliche Erfüllung.

Ich liebe auch ein zweites Bild, vielleicht das berühmteste Bild von van Gogh: den »Sämann«. Den Sämann, der bei dämmriger Stimmung über den kahlen Acker schreitet, dem der Wind ins Gesicht bläst und der trotzdem mit kräftigen Schritten weitergeht und seinen Samen auswirft. Wird er einmal auf diesem Feld ernten können?

Ich schaue diesen Sämann gerne an, weil er noch keinen Erfolg sieht und auch überhaupt nicht danach fragt, sondern einfach ar-

beitet. Ich liebe dieses Bild, weil hinter dem Sämann die Sonne aufgeht, groß und strahlend, so als wollte sie sagen: Deine Arbeit läuft nicht ins Leere.
Von diesen beiden Bildern des Vincent van Gogh lasse ich mir sagen: Wenn du zu arbeiten beginnst, frag' nicht gleich danach, was dabei herauskommt! Wenn es hart und mühsam wird, wirf nicht gleich die Flinte ins Korn! Du darfst darauf vertrauen, daß deine Saat aufgeht, durch deine Arbeit und dein Bemühen um das Gute die Erde ein Stück farbiger wird. Sei dankbar, wenn deine Arbeit Erfüllung bringt, wenn sie dir glückt; sei dankbar, daß du überhaupt arbeiten kannst, genügend Kraft und Energie zum Arbeiten hast!
Ich wünsche uns, daß wir viele Tage im Jahr so beginnen wie dieser Sämann, und ich wünsche uns, daß wir viele Tage im Jahr so beenden dürfen wie dieser Garbenbinder, zwar müde, aber mit dankbarem Herzen, weil durch unsere Hände etwas entstanden ist.

# 5. Immer mit der Ruhe

Lesung: Noch ein wenig schlafen ... (Spr 6,6–11) – Evangelium: Kommt, wir ruhen ein wenig aus! (Mk 6,30–31)

»Heh, nur mit der Ruhe!« – so reagieren wir doch, wenn es Leute beim Einkaufen wieder einmal ganz eilig haben und den besten Bekannten nicht wahrnehmen. Aber wir wissen zugleich, wie es uns selbst geht, wenn wir bei Rot vor der Ampel stehen: Oft sägt das Warten ganz schön an den Nerven; wir können es kaum erwarten, bis endlich die Ampel auf Grün schaltet und wir Gas geben können.
»Mensch, heute bist du wieder ein alter Zappelphilipp!« – so fauchen wir die Kinder an, wenn sie beim Essen nicht ruhig sitzen bleiben, und springen doch oft selbst gleich wieder zum Spülen auf, wenn der letzte Bissen verschluckt ist.
»Mensch, du trägst die ganze Ruhe fort!« – halten wir Gästen vor, die sich nicht setzen wollen, und sagen oft selbst: »Ich muß gleich wieder fort, heute habe ich keine Zeit!«
Hast und Hetze – Zeichen unserer Zeit. Wir wissen doch alle, wie es uns geht: Kaum stehen wir früh auf, so schießt uns schon wieder das durch den Kopf, was wir erst am Nachmittag zu erledigen haben. Kaum ist zu Mittag gekocht, so kommt den Hausfrauen schon wieder der Seufzer über die Lippen: »Für heut' wäre gesorgt, aber was kocht man denn morgen wieder?« Kaum bereite ich eine Schulstunde vor, so sind meine Gedanken schon wieder bei der Predigt für den nächsten Sonntag.
So geht es Tag für Tag, Woche für Woche: immer auf Trab sein. – Aber sind wir doch einmal ehrlich! Wenn wir einmal nicht auf Hochtouren laufen, befällt viele von uns gleich das schlechte Gewissen, Faulenzer zu sein.
Gerade im Blick auf unsere hastige Zeit gibt mir die alte Legende über den beliebten Bauernheiligen Wendelin viel zu denken. Sie erzählt uns:

Eines Tages kam zum hl. Wendelin, der als Einsiedler unter einfachen Bauern und Hirten lebte, ein Edelmann und machte ihm heftige Vorwürfe: Schämst du dich nicht, ein solches Faulenzerleben zu führen? Ein so kräftiger Mann wie du könnte wahrhaftig durch Arbeit selbst sein Brot verdienen. Wendelin antwortete ruhig: Wenn du für mich Arbeit hast, will ich mit dir gehen und dein Vieh hüten. Wendelin hütete nun jeden Tag das Vieh. Doch bald war er den

übrigen Knechten des Edelmanns ein Dorn im Auge. Denn Wendelin war anders als sie.
Sie rannten den ganzen Tag dem Vieh nach und trieben es weit umher. Doch Wendelin saß ruhig da, betete und schaute ruhig und gelassen dem Vieh zu. So schwärzten sie Wendelin bei ihrem Herrn an: Unser Herr, dieser Wendelin ist ein Faulenzer, er vernachlässigt dein Vieh und läßt es ohne Aufsicht weitab vom Hof weiden.
Doch seltsam, so fährt die alte Legende fort, das Vieh des Wendelin gedieh prächtig. Es war, als ob ein Engel auf das Vieh aufpassen würde.

Eine tiefe Gelassenheit und innere Ruhe – das ist es, was nach der Legende den hl. Wendelin auszeichnet. Diese Gelassenheit, die als Frucht seines Gebetes gedacht ist, provoziert und fasziniert zugleich.
Ich weiß: Aus unseren Büros, Fabriken und Schulen lassen sich keine wendelinischen Schäferidyllen mehr machen. Ich weiß: In einer Zeit, in der sich die Akkorde in den Fabriken, die Geschwindigkeiten auf den Straßen und die Termine in den Kalendern geradezu jagen; in einer Zeit, wo sogar das Taschentuch »Tempo« heißt – da ist es wirklich eine Kunst, gelassen zu bleiben und Ruhe auszustrahlen.
Ich weiß: Die Legende von Wendelin stammt aus dem 14. Jahrhundert, aus einer Zeit, in der es noch keine Stoppuhren gab. Und doch komme ich von der Gelassenheit und der Ruhe dieses Mannes nicht los. Ich bin überzeugt, würden wir heute Wendelin fragen, wie es in unserer Zeit möglich ist, ruhig und gelassen zu bleiben, vielleicht würde er ähnlich wie jener Rabbi antworten, den einmal seine Schüler fragten, warum er in einer so hastigen Zeit so gelassen und ruhig bleiben könne. Der Rabbi gab seinen Schülern zur Antwort: »Ich bin ruhig und gelassen, denn wenn ich stehe, dann stehe ich. Wenn ich gehe, dann gehe ich. Wenn ich sitze, dann sitze ich. Wenn ich esse, dann esse ich. Wenn ich spreche, dann spreche ich.« Da fielen ihm seine Schüler ins Wort und sagten: »Das tun wir doch auch, aber was machst du noch darüber hinaus?« Er sagte wiederum: »Wenn ich stehe, dann stehe ich. Wenn ich gehe, dann gehe ich. Wenn ich sitze, dann sitze ich. Wenn ich esse, dann esse ich. Wenn ich spreche, dann spreche ich. Wenn ich bete, dann bete ich.«
Wieder sagten seine Schüler: »Das tun wir doch auch!« Er aber sagte zu ihnen: »Nein! Wenn ihr betet, seid ihr schon wieder bei euren Geschäften. Wenn ihr sitzt, dann steht ihr schon. Wenn ihr steht, dann geht ihr schon. Wenn ihr geht, dann seid ihr schon am Ziel!«

Liebe Zuhörerinnen und Zuhörer,
ich glaube, jeder von uns hat in seinem Leben schon einmal gespürt, wie gut solch ruhige und gelassene Menschen tun. Und mancher von uns hat erfahren, daß gerade solche Menschen oft Menschen sind, die beten.

# 6. Hilf doch!

Lesung: Ich will dir eine Gehilfin machen (Gen 2,15–24) – Evangelium: Hab Erbarmen mit uns! (Mt 20,29–34)

Als Kind habe ich gerne die Sendung »Heiteres Beruferaten« mit Robert Lembke angeschaut. Sie lief nach einem feststehenden Ritus ab: Die Kandidatinnen und Kandidaten kamen herein, schrieben ihren Namen an die Tafel und kreuzten dann entweder »selbständig« oder »angestellt« an. Als Kind dachte ich mir immer: Die ihr Kreuz bei »selbständig« machen, die haben es besser.
Selbständigkeit ist in unserer Zeit ein begehrtes Ideal. Für Eltern ist es ein großes Lob, wenn sie zu hören bekommen: »Jetzt ist euer Kind erst vier Jahre alt und schon so selbständig!« Einem stolzen Hausbesitzer schwillt die Brust, wenn er bei der Führung durchs Haus sagen kann: »Das habe ich alles selbst gemacht. Ich habe niemanden dazu gebraucht.« Ist der Kuchen selbstgebacken, ist das schon ein Gütesiegel an sich.
Bitte verstehen Sie mich nicht falsch, wenn ich heute bei diesem Bittgottesdienst einige Anfragen an das großgeschriebene Ideal der Selbständigkeit stelle. Bitte verstehen Sie mich nicht falsch! Ich möchte nicht Rockzipfelkindern das Wort reden oder so tun, als ob man überhaupt nichts allein unternehmen oder bewerkstelligen dürfte. Aber ich frage mich, ob das Prinzip »Selbst ist der Mann« – »Selbst ist die Frau« sich nicht auf Dauer auf unser Lebensgefühl negativ auswirkt.
Wenn ich »Selbst ist der Mann« – »Selbst ist die Frau« zum Prinzip erhebe, dann muß ich alles auf meine eigene Leistung, auf meinen starken Willen, auf meine eigene Kraft und meine eigenen Fähigkeiten setzen. Wie schnell hat das nicht die Überstrapazierung meiner Ressourcen zur Folge.
Wenn ich »Selbst ist der Mann« – »Selbst ist die Frau« zum Prinzip erhebe, wie schnell überfällt mich dann die Enttäuschung über die eigene Unfähigkeit, wenn ich an Grenzen stoße und spüre: Ich kann nicht alles alleine bewerkstelligen.
Anderen Menschen zu sagen: »Bitte, hilf mir doch!« fällt vermutlich vielen von uns schwer. Am leichtesten kommt es uns noch bei banalen Kleinigkeiten über die Lippen, etwa bei einem Besuch, wenn wir sagen: »Kannst du mir bitte die Milch reichen?« Wenn es um andere Dinge geht, dann bricht uns bei diesem Satz »Bitte, hilf mir doch!« manchmal direkt die Zunge ab.

Aber auch darüber sollten wir uns im klaren sein: Wenn ich Menschen ehrlich um Hilfe, um Rat und Beistand bitte, zeigt das nicht nur Vertrauen, sondern kann auch noch Brücken schlagen. Wenn ich ehrlich »Bitte!« sage, zeigt das: Ich bin froh, daß es den anderen gibt. Und in den allerwenigsten Fällen erscheint meine Bitte dem anderen als Belastung; im Gegenteil: Oft tut es ihm oder ihr sogar gut.

Liebe Zuhörerinnen und Zuhörer,
wenn wir heute in einer Prozession durch die Flur gehen und mit unseren Liedern und Gebeten immer wieder den Ruf äußern: »Hilf doch, Herr!«, dann ist es einmal gut, sich zu fragen: Kommt dieses Wort »Bitte, hilf mir!« in meinem Leben überhaupt noch vor, oder habe auch ich das Prinzip »Selbst ist der Mann« – »Selbst ist die Frau« zu meinem Götzen erhoben?

# 7. Kalt – Eiskalt

Lesung: Das Eis wirfst du herab in Brocken (Ps 147,15–18) – Evangelium: Wärme kann heilen (Mk 8,22–26)

Wir erleben es in manchen Jahren, wie ein plötzlicher Kälteeinbruch oder Nachtfröste der Natur zu schaffen machen, wie das Blütenmeer der Kirsch- und Birnbäume binnen weniger Stunden zerstört, wie eine herrliche Frühlingsatmosphäre durch Frost hinweggefegt werden. Kälte zerstört Leben!
Kälte zerstört Leben – auch bei Menschen. Kein Mensch kann sich entwickeln und leben, wenn er nicht menschliche Wärme und Geborgenheit spürt. Grausam, was der Liedermacher Hans Hartz einem Menschen in einem seiner Schlager zusingt:

Du müßtest Grönland heißen
Denn plötzlich tratst du vor
Mit Eiskristallen im Gesicht
Dein bloßer Anblick machte
Daß ich im Sommer fror
Du bist so kalt so kalt
Kälter noch als Eis
Feuer hat bei dir keine Chance
Du bringst die Sonne um
Kalt wie Eis
So kalt
Eiskalt

Bei unseren Bittprozessionen singen wir in diesem Jahr wieder: »Den Weinstock und die zarten Samen vom Winter- und vom Sommerbau beschütz vor Frost durch Jesu Namen«. Wer kein Landwirt ist und wem diese Worte nicht mehr zu Herzen gehen, weil sie seine Existenz nicht betreffen, versteht diese Bitte vielleicht besser, wenn er sie im Horizont des menschlichen Lebens hört: Herr, bewahre mich vor kalten und eiskalten Menschen und bewahre mich selbst davor, »Grönland« zu sein.

# 8. Disteln auf dem Acker

Lesung: Dornen und Disteln läßt er dir wachsen (Gen 3,17–19) – Evangelium: Woher kommt denn das Unkraut? (Mt 13,24–30)

In den Erinnerungen eines Bauernsohnes habe ich gelesen:

Ich erinnere mich gerne an meine Kindheit, vor allem an die Flurgänge mit meinem Vater. Das waren meine schönsten und lehrreichsten Wanderungen: mit ihm über die Felder zu gehen. Immer gab es etwas zu beobachten: wie die Saat aufging und wie sie heranwuchs. Besonders gerne erinnere ich mich daran, wie mein Vater das Korn prüfte, ob es schon hart genug war für den Schnitt, und wie er mit seinem Schuh im eigenen Kartoffelacker und dem des Nachbarn stöberte und schaute, wie groß die Kartoffeln waren. Dabei erzählte er mir auch manches über meinen Großvater, den ich nur noch aus meiner Kindheit in blasser Erinnerung hatte. Bei einem solchen Gespräch waren wir auch einmal an einen Ackerrain gekommen. Ich zeigte auf den Acker unseres Nachbarn hinüber und sagte: »Papa, warum wachsen denn auf seinem Acker so viele Disteln?« Das Gesicht des Vaters wurde ernster. Er schwieg eine Weile. Dann sagte er halblaut: »Weißt du, der Nachbar flucht zuviel bei seiner Ackerarbeit.« »Aber Disteln wachsen doch nur aus Samen und kommen nicht vom Fluchen aufs Feld«, fiel ich ihm ins Wort. »Und außerdem kann man sie doch aushacken.« »Ja, mein Kind, das ist richtig. Aber das Leben hat doch viel tiefere Zusammenhänge«, meinte mein Vater. »Sieh einmal: Ein Mann, der bei seiner Arbeit auf dem Acker nur mit Widerwillen, Fluchen und Schelten dabei ist, wie soll so eine Arbeit Segen bringen? Wenn er keine Freude an seiner Arbeit hat, so übt er sicherlich auch keine Sorgfalt beim Pflügen und beim Säen und beim Jäten des Unkrauts. Und wie es in seinem Herzen von Jahr zu Jahr roher wird, so verkommt und verwildert auch sein Acker immer mehr. Dein Großvater hat immer zu mir gesagt: Ein Bauer, der flucht, bei dem wachsen auch bald Disteln im Acker.«

Als ich mit meinem Vater vom Feld heimkehrte, fiel mir plötzlich auf, daß bei uns daheim manches anders war als bei unserem Nachbarn. Ich verstand jetzt, warum der Vater auf so manche einfache Handlungen so viel hielt: Unser Hof mußte stets sauber gekehrt sein, und auf dem Getreideboden duldete er keine verstreuten Körner.

Liebe Zuhörerinnen und Zuhörer,
»Ein Bauer, der flucht, bei dem wachsen auch bald Disteln im Acker« – diese alte Bauernweisheit gilt für jede Arbeit. Egal, ob ich Bauer, Fabrikarbeiter, Handwerker, Lehrer oder Akademiker bin. Wer bei seiner Arbeit innerlich flucht und sie mit Widerwillen tut, auf dessen Acker wächst kein Segen. Aber wer mit der inneren Einstellung des Bauern in der Erzählung an seine Arbeit geht, bei wem Ordnungsliebe, Sauberkeit und Sorgfalt Ausdruck einer inneren Freude an der Arbeit sind, unter dessen Händen wird die Arbeit Frucht bringen und in dessen Herzen kann heute so etwas aufsteigen wie Dank.

# 9. Fröhlicher Landmann?

Lesung: Da war unser Mund voll Lachen (Ps 126) – Evangelium: Und die Wahrheit wird euch befreien (Joh 8,30–32)

Die Predigt wird lebendiger, wenn »Der fröhliche Landmann« von Robert Schuhmann, op. 68, Nr. 10, entweder vom Organisten gespielt wird oder eine Plattenaufnahme über Lautsprecher zu hören ist. Das gleiche gilt für das Lied »Üb immer Treu und Redlichkeit«. Am schönsten wäre es, wenn es Kinder oder ein Chor vorsingen könnten.

– »Der fröhliche Landmann« von Robert Schuhmann –

Vielleicht kennen Sie dieses Instrumentalstück von Robert Schuhmann. Es trägt den Titel »Der fröhliche Landmann. Von der Arbeit heimkehrend«. Als kleiner Gymnasiast habe ich dieses Lied mit Begeisterung gespielt. Denn der leichte Schritt, diese Freude, Dankbarkeit und Zufriedenheit, die der Bauer nach seinem Tagwerk empfindet, habe ich bei meinen Eltern oft erlebt.
Mir scheint aber: Diese bäuerliche Idylle ist verschwunden. Landwirtschaft ist zu einem harten Geschäft geworden, zu einer klaren Kalkulation von Einnahmen und Ausgaben, zu einem harten Konkurrenzkampf, zu einem Umgang mit komplizierter und teurer Technik. »Und das Schlimmste in unserem Beruf ist«, sagte mir ein Bauer, »daß ich mich nicht mehr freuen kann, wenn das Getreide gut steht, wenn es wächst und gedeiht. Denn wenn ich weiß, daß alles, wofür ich arbeite, nur als Überproduktion in unserer Gesellschaft eingestuft wird, als etwas, das Steuermittel frißt, dann verliert meine Arbeit an Sinn und mein Leben an Freude.«
Überall werden Landwirten harte Grenzen gezogen. Überall stoßen sie an Grenzen, an Grenzen des Zumutbaren und der Belastbarkeit. Die Situation der Landwirtschaft spitzt sich bei uns immer mehr zu. Ein Blick in die Geschichte zeigt: Immer sind die Epochen des schleichenden Niedergangs eines Standes gefährlich mit Pulver geladen, sei es der Niedergang der Ritter im ausgehenden Mittelalter, sei es der Niedergang der Weber in der Zeit der Industrialisierung oder heute der Niedergang der Bauern. Denn Verwundete, Angegriffene, in ihrer Existenz Bedrohte kennen allzuleicht ihre eigenen Grenzen nicht mehr – und überschreiten dann Grenzen.
Wie soll sich ein Landwirt in dieser gefährlichen Krisenzeit verhalten, die vom Bauernsterben geprägt ist und in der er von Existenzangst heimgesucht wird? Als Theologe fühle ich mich für wirt-

schaftspolitische Ratschläge nicht kompetent. Aber mir geht in letzter Zeit ein geistliches Volkslied oft durch den Kopf, dessen Melodie Wolfgang Amadeus Mozart zugeschrieben wird:

Üb immer Treu und Redlichkeit
bis an dein kühles Grab
und weiche keinen Finger breit
von Gottes Wegen ab.

Der Dichter Ludwig Hölty gab diesem Lied den Titel: »Der alte Landmann an seinen Sohn«. Diese Worte sind gedacht als Vermächtnis. Diese Worte gehen mir nach: »Üb immer Treu und Redlichkeit« rät dieses Lied. Landwirte stehen heute in der Gefahr, Grenzen der gegenseitigen Fairness zu überschreiten. Der vielgepriesene Gemeinschaftsgeist unter der bäuerlichen Bevölkerung droht zu verdunsten. Bauern sind oft zu Einzelkämpfern geworden. Wer selbst bedroht ist, der kann leicht anderen zur Bedrohung werden.

Was jenes unselige Gesetz »wachse oder weiche« unter den Landwirten an Neid und Haß heraufbeschworen hat, das wissen diejenigen, die als Landwirte leben, besser als ich. Des einen Tod kann nicht des anderen Brot sein! Schon deshalb nicht, weil die eigene Belastbarkeit Grenzen hat. Es ist schwer, nach dem Motto zu leben: »Üb immer Treu' und Redlichkeit«. Doch dieses Lied rät: Bleib redlich, laß die Ellenbogen drinnen, denn auf Dauer wird sich knallhartes, gewinnorientiertes Spekulieren nicht auszahlen. Zuviele Werte werden dafür geopfert.

Die erste Strophe des Liedes endet: »... und weiche keinen Finger breit von Gottes Wegen ab!« Eigentlich ist dies meine größte Angst: daß Bauern sich von Glaube und Kirche immer mehr entfremden und dadurch einen großen Halt verlieren. Schien früher der Landwirt durch den Umgang mit der Mutter Erde das religiöse Gefühl der Ehrfurcht, der Abhängigkeit, der Dankbarkeit gegenüber Gott gleichsam wie Muttermilch einzusaugen, so scheint sich heute mehr und mehr eine religiöse Gleichgültigkeit, ein verbissener Wahn der Machbarkeit aus der Enttäuschung heraus als Trotz gegen Gott aufzubauen. Wenn der Acker nur als Produktionsstätte gesehen wird und als Nummer in der Buchführung erscheint, wenn er nicht mehr der Ort ist, wo der Bauer Gebete sprechen und mit den trillernden Lerchen Gott danken kann, da wird das Tun des Bauern auf Dauer geistlich arm und triste.

Die erste Strophe äußert eine *Bitte* des Landmanns an seinen Sohn, und zugleich birgt dieses Lied in seiner dritten Strophe eine große *Verheißung:*

Dann wird die Sichel und der Pflug
in deiner Hand so leicht;
dann singest du beim Wasserkrug,
als wär' dir Wein gereicht.

Wer in schwieriger Zeit Redlichkeit übt, das Lebensrecht anderer achtet, der singt auch noch beim Wasserkrug, als wär' ihm Wein gereicht, der – so ist die Überzeugung des Liedes – verliert vor sich selbst nicht die Achtung, kann sich selbst und dem Tod ins Auge schauen.

Wir gehen heute bei der Bittprozession wieder an unseren Feldern vorbei. Vielleicht ist es gut, sich dabei an Momente zu erinnern, in denen ich auf diesen Feldern Glück spüren durfte und mich Gott nahe fühlte. Vielleicht wäre es gut, bei der Bittprozession darum zu bitten, daß uns dieser Segen nicht verlorengeht.

– Kinder singen das ganze Lied –

Üb immer Treu und Redlichkeit
bis an dein kühles Grab
und weiche keinen Finger breit
von Gottes Wegen ab.

Dann wirst du wie auf grünen Au'n
durchs Pilgerleben gehn,
dann kannst du ohne Furcht und Grau'n
dem Tod ins Auge sehn.

Dann wird die Sichel und der Pflug
in deiner Hand so leicht;
dann singest du beim Wasserkrug,
als wär' dir Wein gereicht.

Dem Bösewicht wird alles schwer,
er tue, was er tu';
das Laster treibt ihn hin und her
und läßt ihm keine Ruh'.

Drum übe Treu und Redlichkeit
bis an dein kühles Grab
und weiche keinen Finger breit
von Gottes Wegen ab.

Dann suchen Enkel deine Gruft
und weinen Tränen drauf
und Sommerblumen, voll von Duft,
blüh'n aus den Tränen auf.

(Ludwig Hölty)

# 10. Die Sehnsucht, Früchte zu sehen

Lesung: Die Frucht des Geistes (Gal 5,22–26) – Evangelium: Ein guter Baum bringt gute Früchte (Lk 6,43–45)

Vor einigen Jahren hatte unser Theologenkurs eine Fortbildung mit einem berühmten Hamburger Theologen und Soziologen. Am ersten Abend ist es immer Sitte, untereinander mit dem Referenten zusammenzusitzen und einfach zu erzählen. Meistens hakt sich das Gespräch an einem Punkt fest. Diesmal ging es ums Zölibat. Es hat uns aufhorchen lassen, wie sich unser Referent, ein Familienvater von drei Kindern, dazu äußerte. Er meinte: »Entgegen der landläufigen Meinung glaube ich, daß das Zölibat nicht in jungen Jahren schwierig ist. Wenn ich im Beruf aufgehe, ist es ein Leichtes, auf Ehe und Familie zu verzichten. Das gibt mir vielleicht sogar noch größeren Spielraum. Schwierig wird es erst, wenn ich alt werde. Denn das spüre ich an mir selber: Je älter ich werde, desto größer wird bei mir die Sehnsucht, Früchte zu sehen. Je mehr ich selbst körperlich und geistig abbaue, desto mehr möchte ich sehen können: Da wächst etwas weiter von mir. Und deswegen sind für mich die eigenen Kinder so wichtig. Und das scheint mir für euch Zölibatäre das eigentlich Schwierige, daß ihr im Alter nicht auf Kinder schauen könnt und in einem Beruf arbeitet, in dem man nur wenig Frucht sehen kann.«

Wie recht unser Referent hatte, das sehe ich an vielen alten Menschen: Was bedeuten ihnen ihre Kinder und ihre Enkel! Welcher Stolz spricht oft aus ihren Äußerungen, wenn sie berichten können, was aus dem und dem geworden ist! Man wäre nicht so stolz, wenn man nicht glauben könnte: Da wächst ein Stück von mir weiter.

Aber Kinder und Enkel sind nicht die einzigen Früchte im Leben. Zum Glück! Wie viele stünden mit leeren Händen da! Nicht nur, weil sie keine Kinder haben, sondern weil sie über den Weg ihrer Kinder und Enkel keine Freude empfinden können.

Zum Glück gibt es auch andere Früchte, die Grund zur Freude geben. Im Unterschied zu den Früchten des *Feldes* sind diese Früchte des *Lebens* schwieriger zu entdecken.

Aber *ist* das nicht auch eine Frucht des Lebens, wenn ich z. B. mit meinem jähzornigen Charakter ein Stück weiter gekommen bin, weil ich gespürt habe: Damit mache ich mich und andere nur kaputt. Und wenn ich mit den Jahren vielleicht ein wenig die Beherrschung gelernt habe, wenn ich mich im Zaum halten kann,

auch wenn mich etwas sehr erregt und ich am liebsten aus der Haut fahren würde.
*Ist* das nicht eine Frucht des Lebens, wenn ich sehen kann: Ich bin meinem Beruf, für den ich mich als junger Mensch entschieden habe, treu geblieben. Ich bin meiner Frau, meiner Familie treu geblieben. Auch in Zeiten der Krisen, wo kein Hochgefühl zu spüren war, habe ich ihnen nicht den Rücken gekehrt.
*Ist* das nicht eine Frucht des Lebens, wenn ich spüre: Da gab es einen ganz schwierigen Abschnitt in meinem Leben. Der hat meine ganze Kraft herausgefordert. Und ich habe mich durchgebissen. Und heute bin ich für diese schwierige Zeit und die Reife, die sie mir gegeben hat, sogar dankbar.
*Ist* das nicht eine Frucht des Lebens, wenn ich als alter Mensch spüre: Ich kann zwar nicht mehr mithalten. Meine Kräfte werden weniger. Aber meine Geduld mit mir und mit anderen wächst.
Geduld, Treue, Liebe, Selbstbeherrschung, das alles zählt der Apostel Paulus zur Frucht des Geistes. Mit ihm sieht ein gläubiger Mensch darin ein Geschenk von Gott.

*Anstelle von Fürbitten*

Einladung, darüber nachzudenken: Was ist alles »Frucht« in meinem Leben? Was könnte ich heute als Frucht meines Lebens in Dankbarkeit zum Altar bringen?

– Musik –

Wo es technisch möglich ist, können die Gottesdienstbesucher ihre »Früchte« auf einen Zettel schreiben und in einem Gabengang persönlich zum Altar bringen. Ansonsten wird symbolisch ein Blumenkorb zum Altar getragen.

# Materialteil

## Wir ziehen vorbei

(Elemente für eine Fronleichnamsprozession in der Stadt)

An den Gebäuden, an denen wir tagtäglich vorbeigehen, ziehen wir bei dieser Prozession ganz langsam und bedächtig vorbei. Sonst sind wir mit unseren eigenen Gedanken beschäftigt. Wir kennen den Weg auswendig. Die Fassaden der Gebäude nehmen wir sonst nur nebenbei wahr. Was hinter den Mauern geschieht, was da mit Menschen passiert, spüren wir eigentlich nur dann, wenn wir selbst durch ihre Türen hineingehen.
Heute ziehen wir fast im Zeitlupentempo an wichtigen Gebäuden unserer Stadt vorbei. In diesen Augenblicken wollen wir empfindsam werden für das Leben, das sich in diesen Mauern abspielt.

### Krankenhaus

Wir ziehen vorbei am Krankenhaus unserer Stadt.
Hier haben Menschen Angst.
Hier haben Menschen Hoffnung.
Hier erfahren sie die schlimmsten Wahrheiten.
Hier erleben sie das beglückendste Gefühl.
Hier lernen sie Geduld.
Hier werden sie verrückt.
Hier warten sie aufs Leben.
Hier bangen sie ums Leben.
Hier denken Menschen seit langem wieder einmal nach.

## Kindergarten

Wir ziehen vorbei am Kindergarten.
Wir sagen Kindergarten. Und nicht: Kinderbewahranstalt.
Wir sagen Kindergarten. Und nicht: Vorschule.
Wir sagen Kindergarten. Und nicht: Kinderheim.
Bei einem Garten, da denke ich an einen geschützten Raum, von einem Zaun umgeben.
In einem Garten, da werden die Pflänzchen besser gehegt und gepflegt als in freier Natur.
In einem Garten herrscht ein Stück Paradies.
Der Garten ist ein geschützter Lebensraum, in dem Leben eingeübt werden kann.
Trotzdem bleibt der Blick nach draußen, auf das normale Leben.
Gott sei Dank dürfen unsere Kinder in den Kinder*garten.*

## Schule

Wir ziehen vorbei an der ...-Schule unserer Stadt.
Wieviel Zeit verbringen hier unsere Kinder!
Was wird hier alles gelernt:
Lesen, schreiben, rechnen, zeichnen.
Was wird hier alles unterrichtet:
Biologie und Chemie, Fremdsprachen und Deutsch, Geometrie und Algebra.
Was für ein Wissen hängt in diesen Gemäuern!
Wer die Schule hinter sich gebracht hat,
denkt oft erleichtert: ausgelernt.
Aber dann merkt er schnell:
Jetzt geht's erst richtig los.
Im Leben gibt's kein Auslernen.
Wenn wir jetzt an der Schule vorbeiziehen, fragen wir uns:
Wofür habe ich im Leben schon Lehrgeld bezahlt?
Wer sind meine besten Lehrer gewesen?
Und das müssen nicht unbedingt Schulmeister gewesen sein!
Und was waren meine größten Lehren?

## Schaufenster – Kaufhäuser

Wir ziehen durch die Fußgängerzone/Verkaufsstraße.
Schaufenster stehen Spalier.
Zwischen dem Schaufenster und mir findet eine Kommunikation ohne Worte statt.
Schaufenster sprechen eine geheime und stumme Sprache.
Sie flüstern mir ins Ohr: Ich zeig' dir, was du brauchst.
Komm her: Hier findest du, was dich attraktiv macht.
Der flotte Anzug winkt mir zu: Mit mir kannst du dich sehen lassen!
Das Kleid ruft: Mit mir werden die Augen auf dich fliegen!
Der Computer piepst: Mit mir bist du up to date!

Und da höre ich den, dem wir heute hinterherlaufen:
Was macht ihr euch Gedanken und sagt:
Was sollen wir essen?
Was sollen wir trinken?
Was sollen wir anziehen?
Sorgt euch also nicht!
Gott weiß, daß ihr all das braucht.

Und ich denke mir: Du hast leicht reden!
Oder: Vielleicht hast du doch recht!

## Altenheim – Pflegeheim

Wir ziehen vorbei am Altenheim unserer Stadt – und da kommen mir Fragen:
Werde ich einmal alt werden?
Wie werde ich im Alter »beieinander« sein?
Werde ich noch laufen und mich bewegen können?
Werde ich noch einen klaren Verstand haben?
Werde ich noch Freude am Leben haben?
Werde ich noch einen wachen Blick haben – oder wird mein Blick starr und leer sein?
Wird es Menschen geben, die mich zuhause pflegen und ertragen – oder wird mein Weg hierher gehen?
Werde ich sagen können: Das Leben ist trotz allem schön – oder wird viel Bitteres in mir rumoren?

## Theater

Wir ziehen vorbei am Theater unserer Stadt.
Hier gibt's nichts zum Kaufen.
Hier gibt's nichts zum Essen.
Und trotzdem ist es lebensnotwendig.
Hier gibt's Stoff zum Nachdenken.
Hier werden Ideen für die Zukunft gesponnen.
Künstler sind sensibel für aufziehende Gefahren.
Hier wird unserem Alltag ein Spiegel vorgehalten.
Hier wird von Gerechtigkeit geträumt, auch wenn sie im Alltag mit Füßen getreten wird.
Hier klagen die Toten an.
Auf der Bühne wird ausgesprochen, was sich sonst niemand zu sagen traut.

## Evangelische Kirche

Ich bin katholisch.
Du bist evangelisch.
Ich bin katholisch. Ich nehme Weihwasser, mache mein Kreuzzeichen, beuge meine Knie.
Du bist evangelisch. Von Zeichen hältst du nicht so viel.

Ich bin katholisch.
Ich liebe die Farben in der Kirche.
Ich gehe gern bei einer Prozession mit.
Ich freue mich über Standarten, das Klingeln der Ministranten und den Weihrauch.
Du bist evangelisch.
Dir kommt es auf das Wort an.

Ich bin katholisch.
Ich verehre die Heiligen.
Mich fasziniert, wie die Heiligen versucht haben,
die Worte Jesu in ihre Zeit und ihr Leben zu übersetzen.
Du sagst: Die Schrift allein genügt.
Du kannst viele Schriftstellen auswendig.
So mancher Psalmvers, dir noch aus dem Konfirmandenunterricht bekannt, hilft dir in schwierigen Lebenssituationen.

Ich bin katholisch.
Ich verehre die Gottesmutter.
Die Marienbilder und -statuen in unseren Kirchen strahlen für mich Geborgenheit aus.
Du sagst: Christus allein genügt.
Er reicht mir als Richtschnur zum Handeln.

Ich bin katholisch.
Mein Gotteslob hat Goldschnitt.
Du bist evangelisch.
Dein Gesangbuch hat Silberschnitt.
Aber viele Lieder sind gleich.
Viele Texte aus deinem Gesangbuch sprechen mich an.
Es freut mich, daß ich Zeugen meiner Tradition auch in deinem Buch finden kann.

Ich bin katholisch.
Ich gehe zur Kommunion.
Du bist evangelisch.
Du gehst zum Abendmahl.
Ich höre die Einsetzungsworte.
Du hörst die Einsetzungsworte.
Du glaubst an den gegenwärtigen Herrn.
Ich glaube an den gegenwärtigen Herrn.

Ich bin katholisch.
Ich sage: Es kommt auch auf die Taten an.
Du bist evangelisch.
Du sagst: Der Glaube allein genügt.
Aber das haben wir inzwischen gelernt:
Beide Sätze sind richtig. Es wäre falsch, sie gegeneinander auszuspielen.

Es gibt immer noch vieles, worüber wir verschieden denken.
Wo wir anders fühlen.
Und trotzdem: Würden wir alles vereinheitlichen,
wir würden unsere wertvollen Traditionen verraten.
Die Wahrheit hat viele Gesichter.

## Fabrik – Industriegelände

Wir ziehen vorbei am Fabrik-/Industriegelände unserer Stadt.
Viele aus unserer Gegend arbeiten hier.
Jeden Tag das gleiche.
Der Wecker klingelt. Mitten in der Nacht.
5.00 Uhr der Gang an den Briefkasten.
Das Wasser für den Kaffee wird aufgesetzt.
Rasieren. Schluck Kaffee. Brotzeit einpacken.
5.30 Uhr springt das Auto an.
5.45 Uhr sieht man auf der Stechkarte.
5.55 Uhr an der Maschine.
6.00 Uhr. Es geht los.
Jeden Tag das gleiche.
Und doch gibt dieser ewig gleiche Rhythmus Halt.
Er gehört schon fast zum Leben.

## Park

Wie nahe liegt doch der Urlaub!
Eigentlich vor der Tür.
Er liegt auf meinem Weg:
Fast täglich laufe ich durch oder daran vorbei.
Der Urlaub liegt mitten in der Stadt:
Da gibt es Bänke zum Verweilen.
Da gibt es einen Teich mit Seerosen und Enten.
Da gibt es immer wieder verschiedene Blumen und Sträucher, die blühen.
In jeder Jahreszeit gibt es da andere Düfte.
Wie nahe liegt doch der Urlaub!
Eigentlich vor der Tür.

Ich erschrecke:
Wie oft habe ich diesen Urlaub schon genutzt?

## Konzerthalle – Musikschule

Wir ziehen vorbei an der Konzerthalle unserer Stadt.
Hier wird musiziert.
Hier wird geprobt.
Hier erklingt Mozart.
Hier kann man Beethoven hören.
Hier stehen Strawinsky, Hindemith auf dem Programm.
Hier wird zugehört.
Hier wird gelauscht.
Welch ein Augenblick, wenn es im Raum ganz still wird,
wenn 500 Menschen schweigend verharren.
Da gibt es Sekunden, wo alles den Atem anhält.
Da wird Musik nicht einfach mitgenommen.
Da werden die Ohren gespitzt.
In uralten Noten stehen die Jahrhunderte auf.

## Kino als Andachtsraum

Wann waren Sie eigentlich zum letzten Mal im Kino?
Kino – eine eigenartige Atmosphäre:
ein dunkler Raum, von hinten her Licht.
Der Blick wird förmlich in einen Lichtkegel gezogen.
Auf der großen Leinwand sind die Figuren hautnah.
Zwei Stunden lang sind viele Menschen auf einen Punkt ausgerichtet, sprechen kein Wort, hören gespannt zu.
War es ein guter Film, bleiben fast alle noch sitzen, bis die Filmmusik zu Ende ist. Alle verlassen schweigend den Raum.
Kinos sind geheime Andachtsräume.
Nicht nur die Kirchenportale laden mich zur Andacht ein.

Erinnern Sie sich an den letzten Film, den Sie im Kino gesehen haben?
Erinnern Sie sich noch an Bilder, die Ihnen im Kopf geblieben sind,
an bestimmte Sätze, die Ihnen ins Herz gerutscht sind?
Haben Sie sich vielleicht in einer Figur selbst entdeckt?
Haben Sie vielleicht einen anderen Menschen besser verstanden,
weil sie durch den Film in seine Rolle gezwungen worden sind?
Wie heilsam kann ein solcher Zwang sein!

Verdeckt geht es in guten Filmen um religiöse Themen!
Von Glauben, Sünde, Schuld, Freiheit,

von Auferstehung und Bewältigung von Schmerz und Tod
ist nicht nur in den Evangelien die Rede.
Oft merken wir gar nicht,
wie moderne Kinofilme die alten biblischen Geschichten sehr feinfühlig im Gewand unserer Zeit erzählen
und unsere großen christlichen Wörter von alltäglichen Begebenheiten her beleuchten.

Die Beziehung Kirche und Kino hat Tradition.
Die führenden Filmzeitschriften kommen in Deutschland alle aus kirchlichen Redaktionen.
Das Lexikon des Internationalen Films wird von einem katholischen Institut herausgegeben.
Auf allen großen Filmfestivals verleihen kirchliche Jurys ihre Preise.
Es wäre ein Exempel wert: die »Andacht« bei einem guten Film zu spüren.

## Sportstadion – Fussballplatz

Hier herrscht Samstag und Sonntag nachmittag Leben.
Da wird »Tor« gebrüllt.
Da fallen Schimpfnamen.
Wahre Begeisterungsstürme gehen da los.
Hier wird es spannend.
In zwei Stunden wird hier viel vergessen.
Hier treffen sich Freunde.
Hier wird Gemeinschaftsgeist gefördert.
Hier leben sich Aggressionen aus.
Unter der Woche wird hier trainiert.
Junge Menschen stählen Muskeln und Sehnen,
erproben ihre Grenzen.
Aus vielen Charakteren entsteht ein Mannschaftsgeist,
viele verschiedene Typen stellen sich aufeinander ein.
Hier suchen Menschen den körperlichen Ausgleich.
Hier wird geschwitzt.
Hier spielt er sich ab: Sport, eine der schönen Nebensachen der Welt.

## Friedhof

Welches Gefühl habe ich,
wenn ich am Friedhofstor vorbeigehe?
Zieht es mich manchmal hinein?
Oder mache ich wie Goethe einen weiten Bogen um den Friedhof?
Habe ich hier Angehörige oder Freunde liegen?
Erinnere ich mich an ganz schmerzvolle Friedhofsgänge:
Wo ich selbst liebe Menschen zum Grab geleiten mußte?

Eigentlich ist es gut, daß es den Friedhof gibt:
Wie schnell werden Menschengesichter vergessen!
Wenigstens die Grabsteine halten uns noch eine Zeitlang ihre Namen vor Augen und sagen uns:
Auch dieser Mensch hat sich bemüht, unsere Welt mitzugestalten.

Eigentlich ist es gut, daß es den Friedhof gibt:
Für viele alte Menschen, die ihren Partner verloren haben,
ist das Grab noch eine Möglichkeit,
ihre Verbindung zu dem Toten im Gang zum Friedhof
und im Pflegen des Grabes zum Ausdruck zu bringen.

Eigentlich ist es gut, daß es den Friedhof gibt:
Er schreckt uns immer wieder aus dem Unsterblichkeitswahn auf.
Er weist uns auf die letzte Station hin.
Durch die Ruhe, die parkähnliche Anlage und die bunten Tupfer der Blumen
spiegelt er etwas von der Hoffnung auf den Ort,
von dem kein Mensch weiß, wie er sein wird.

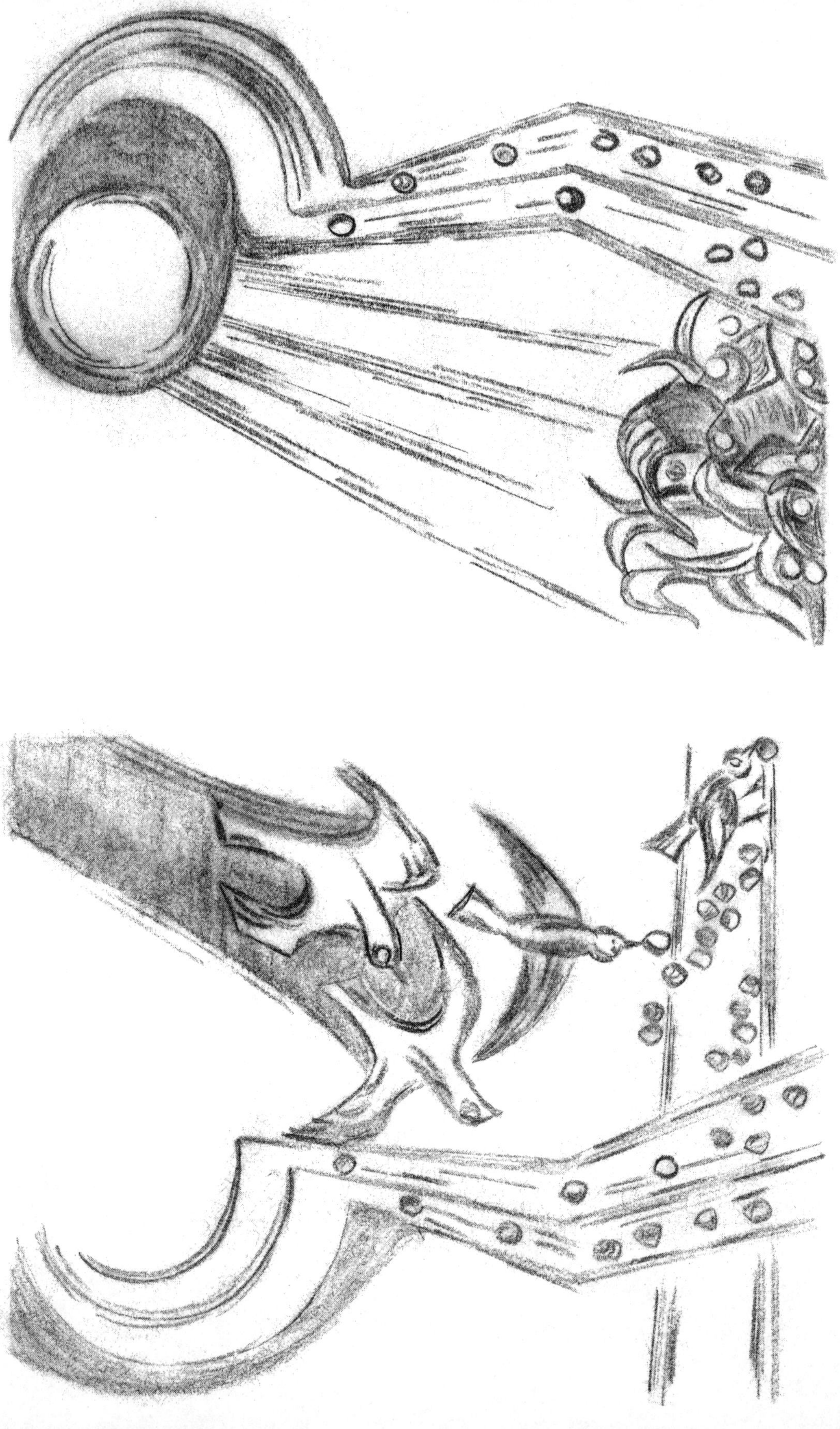

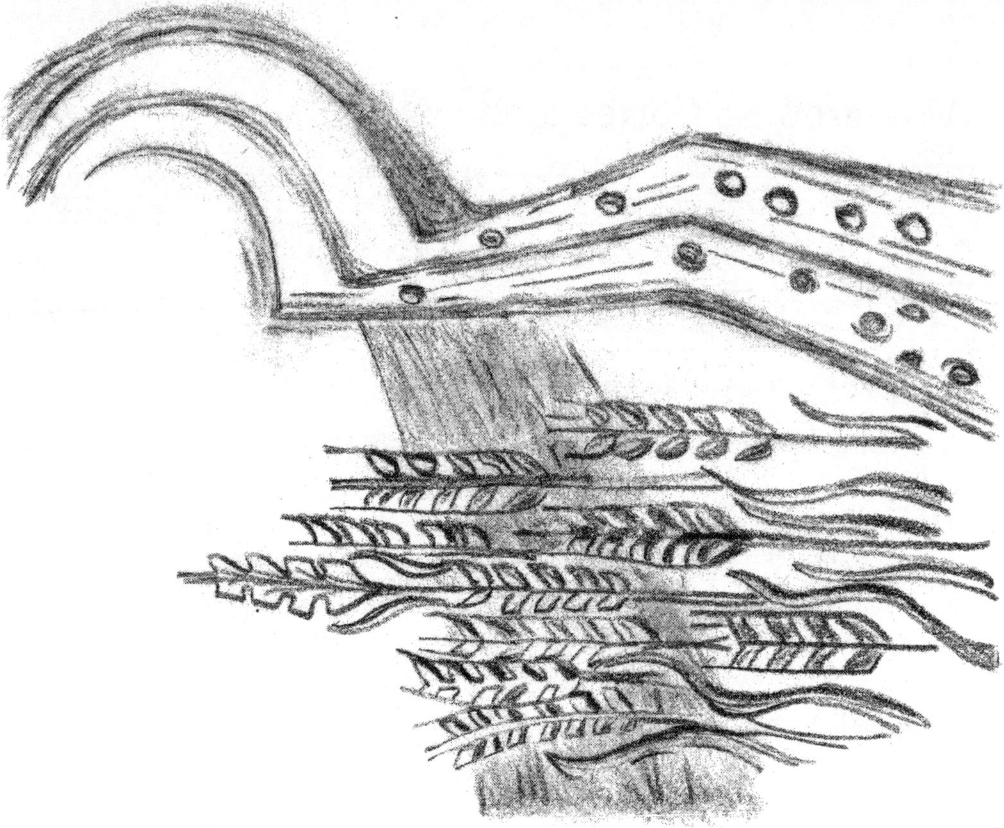

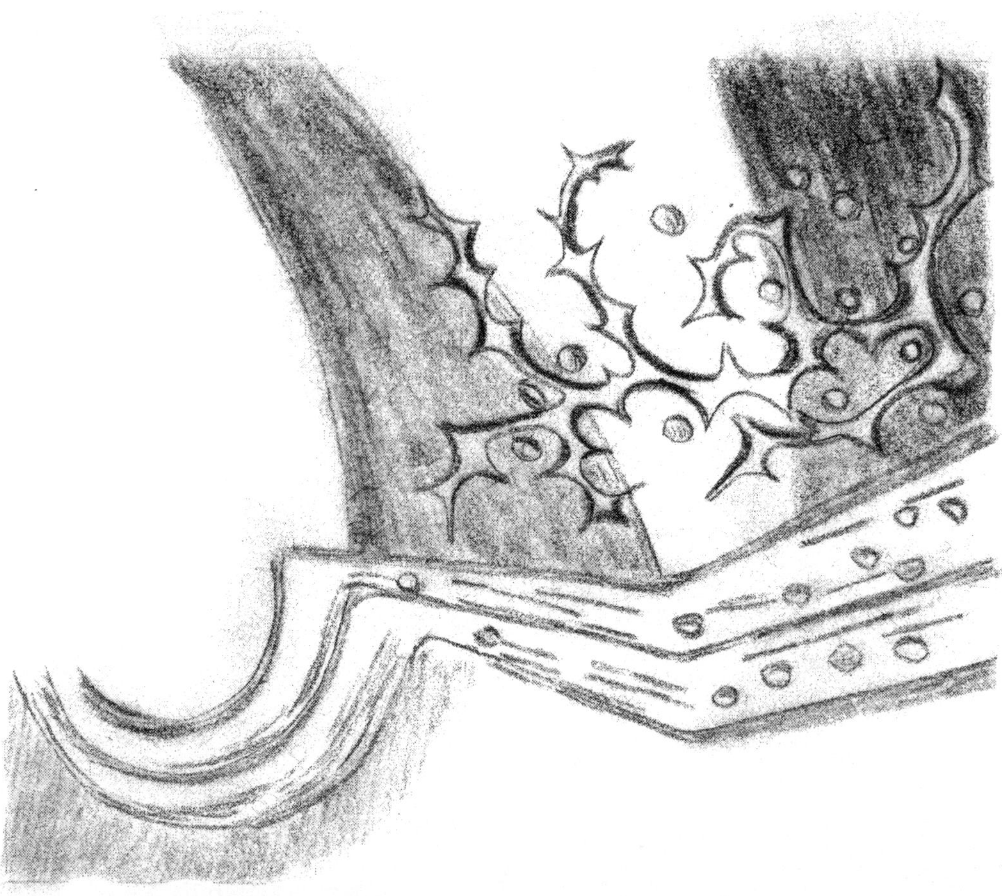

## Wie groß ist Gottes Liebe ?

2. Wie hell, wie hell, wie hell ist Gottes Liebe? So hell wie Sonnenschein!
So hell, so hell, so hell ist Gottes Liebe! Und immer, immer ist sie da.

3. Wie tief, wie tief, wie tief ist Gottes Liebe? So tief, wie das große Meer?
So tief, so tief, so tief ist Gottes Liebe! Und immer, immer ist sie da.

4. Wie weit, wie weit ist Gottes Liebe? So weit wie der Himmel ist!
So weit, so weit, so weit ist Gottes Liebe! Und immer, immer ist sie da.

5. Wie stark, wie stark, wie stark ist Gottes Liebe? So stark, wie ein Fels im Sturm!
So stark, so stark, so stark ist Gottes Liebe! Und immer, immer ist sie da.

6. Wie zart, wie zart, wie zart ist Gottes Liebe? So zart wie ein leichter Wind!
So zart, so zart, so zart ist Gottes Liebe! Und immer, immer ist sie da.

*Text: Rolf Krenzer; Melodie: Detlev Jöcker*

## Meine engen Grenzen

Text: Eugen Eckert, Musik: Winfried Heurich. Aus: CD „Lieder der Hoffnung und des Glaubens“. © Lahn-Verlag, Limburg

# Eines Tages ging ich zu meinem Vater

2. Grün, das sind die Bäume und die Gräser und das Laub. Die Bäume tragen Früchte und vertilgen den Staub. Blau, das ist das Meer, das die Sonne täglich küßt, blau, das ist der Himmel, der dir zeigt, wie klein du bist.

3. Rot, das ist die Liebe, sie darf niemals vergeh'n. Wenn du erst einmal groß bist, ja dann wirst du das verstehn. Denn bist du ohne Liebe, dann fehlt dir auch das Glück. Wenn du erst einmal alt bist, denkst du an mein Wort zurück.

4. Hast du die Welt gemalt in blau und grün und rot, so gibt es nie mehr Elend und vorbei ist jede Not: Sie hat dann, wie wir's wünschen, ein lachendes Gesicht,
|: das niemals an den Farben der Traurigkeit zerbricht; :|

# Quellenhinweise

| | |
|---|---|
| S. 20 | Gebet aus: H. Zöpfl, Unser Leben hat Sinn, Rosenheimer Verlagshaus, Rosenheim 1982, S. 86. |
| S. 33, 34, 37 | Gebet/Litanei aus: A. Rotzetter, Gott, der mich atmen läßt, Herder Verlag, Freiburg 1988, S. 188, 194, 169f. |
| S. 51 | Liedstrophe aus: Wir sind Kinder dieser Erde, Impulse-Musikverlag, Drensteinfurt. |
| S. 61 | Brottexte aus: L. Zenetti, Texte der Zuversicht, Pfeiffer Verlag, München 1976, S. 272, 278, 280. |
| S. 72 | Sind so kleine Hände, © Anar. Musikverlag.<br>Laßt euch die Kindheit nicht austreiben. Aus: E. Kästner, Gesammelte Schriften für Erwachsene, Atrium Verlag AG, Zürich 1969, © Erich Kästner Erben, München. |
| S. 119 | Gebet aus: Tagebuch für Konfirmanden, 1987.<br>Musik: aus Holland. Übersetzung: Stefan Vesper. Rechte für die Übersetzung: tvd-Verlag GmbH, Düsseldorf. |
| S. 137f. | Litanei: © M. H. Schneider. |
| S. 147f. | Ein Mann hatte seinen Acker ... © W. Longardt. |
| S. 156 | Einer der Aufklärer, aus: M. Buber, Die Erzählungen des Chassidim, Manesse Verlag, Zürich 1949. |
| S. 169 | © Albert Bennefeld, Musik- und Bühnenverlag, Berlin. |
| S. 190 | Wie groß ist Gottes Liebe, © Menschenkinder Verlag, Münster.<br>Meine engen Grenzen, © Lahn-Verlag, Limburg. |

Die Bibeltexte sind der Einheitsübersetzung der Heiligen Schrift 1980, © 1995 Katholische Bibelanstalt, Stuttgart, entnommen.

Die Bilder zum Sämannsgleichnis zeichnete Sr. Teresa vom Karmelitinnenkloster, Würzburg.

StR Bernward Hofmann, Aschaffenburg, schrieb die Noten der Liedvorschläge im Materialteil.

Die angegebenen Lieder beziehen sich auf das Gotteslob (GL) bzw. auf das Liederbuch »Troubadour für Gott«, 2. Aufl., Würzburg 1991.